NO FIM DAS TERRAS

NO FIM DAS TERRAS

Milton Torres

Ateliê Editorial

Dados Internacionais de Catalogação na Publicação (CIP)
(Câmara Brasileira do Livro, SP, Brasil)

Torres, Milton
No fim das terras / Milton Torres. – Cotia, SP:
Ateliê Editorial, 2004.

ISBN 85-7480-260-3

1. Poesia brasileira I. Título.

04-7314   CDD-869.91

Índices para catálogo sistemático:
1. Poesia: Literatura brasileira   869.91

Direito reservados à
ATELIÊ EDITORIAL
Estrada da Aldeia de Carapicuíba, 897
06709-300 – Cotia – São Paulo
Telefax: (11) 4612-9666
www.atelie.com.br
atelie_editorial@uol.com.br

Printed in Brazil 2005
Foi feito depósito legal

Aós meus amigos Beatriz de Angulo, Dário Castro Alves, Mary e Carlos Augusto Santos Neves, Maria Lúcia Verdi, Renato Xavier, Alexei Bueno, Catharina Schwab, Katia Leite Barbosa, Sérgio Paulo Rouanet e Barbara Freitag, Tânia e Sérgio Serra, Evaldo Cabral de Mello, Alberto da Costa e Silva, Ilza dos Santos Rocha, Sérgio Gaio, Silvia Soares Diehl, Jane da Rocha e Luiz Eduardo Gabarra, Jorge Couto, Yara e Carlos Alberto de Azevedo Pimentel, Rubem Amaral Jr., Ivo de Castro, Vânia Chaves, Júlio Velloso, Graça Afonso e ao Professor
Antonio Candido de Mello e Souza

A Simão José Abrahão dos Santos, arguto leitor dos poemas que se escreviam

A José Amaro de Oliveira Fernandes, que habilmente realizou a armação espacial dos poemas

A Leopoldo Bernucci e Ivan Teixeira, sem os quais esta edição não teria sido possível

Sumário

do império

do pensar e do fazer

NOVO MUNDO

poemas brasileiros

quadras do Sul

poemas do Rio

A Poesia Douta de Milton Torres

Seria possível auferir a qualidade estética de um poema tendo por base o seu grau de dificuldade? Seria correto assinalar o valor literário de uma produção poética tomando em consideração somente os seus aspectos intrinsecamente formais ou conceituais? E o que dizer da seleção do assunto empregado no poema? Poder-se-iam adotar critérios de qualidade para ele? Seria ainda válido apreciar a eficácia da realização poética, julgando-a absolutamente suficiente, na medida em que ela se vê informada só pela tradição literária? Não seria apropriado também considerar como êxito máximo de um poema aquele que, adicionalmente, possui um caráter metalingüístico? Tais perguntas requerem respostas complexas que no seu conjunto podem indicar um caminho, entre outros é claro, para se chegar ao resultado ideal do fazer poético. Não havendo uma, mas muitas maneiras de percorrer esse trajeto em direção à meta final do poema, quer dizer o seu êxito artístico, observa-se, entretanto, que é justamente a combinação desses fatores e não soluções individuais o que otimizaria, em última instância, a qualidade de toda boa poesia.

As perguntas formuladas acima ilustram algumas das principais preocupações poéticas de todos os tempos, registradas pela história da poesia desde as suas origens até os momentos mais atuais. No Brasil, começando pela primeira pergunta, nota-se o início da poesia *difícil* no Barroco, e depois o seu reaparecimento nos períodos pós-vanguardistas, com a poesia difícil-fácil de Carlos Drummond de Andrade, hermética como a de João Cabral de Mello Neto e algumas produções de Haroldo de Campos. A noção do "ser difícil" em poesia se apóia não só na impenetrabilidade do conceito-forma, mas também na erudição do poeta, quando esta se torna obscura aos olhos e ouvidos do leitor. Entretanto, sabemos que em poesia, o "difícil" se esconde no "fácil"; ou vice-versa. Veja-se "No Meio do Caminho" de Drummond, exemplo paradigmático que ilustra a "complexa singeleza" de um conceito combinado com uma forma fácil, mas que redunda em apreensão ambígua, e por isso rica, do seu significado.

É em pleno Renascimento quando já se preparava o terreno para aquela poesia "difícil" ou aquela "altíssima algaravia", como mais tarde ficaria conhecida uma das particularidades mais fortes da poesia barroca, tendo em Luis de Góngora o seu mais notável representante na Península Ibérica. O próprio López Pinciano na sua *Philosophia Antigua Poetica* (1596), e anos depois Luis Carrillo y Sotomayor em seu *Libro de Erudición Poética* (1611), propõem um lugar reservado nos tratados de poética para a discussão da *dificuldade douta*. No contexto humanístico, Carrillo y Sotomayor considerou ainda a produção poética de seu tempo como o resultado da evolução da Poesia que na curva da História havia chegado ao seu momento máximo resultante da altivez que a linguagem poética havia alcançado e seguindo, conseqüente e coerentemente, o enobrecimento também do espírito humano. É essa tradição poética clássica, tão impregnada de mitos greco-romanos, que molda a maioria dos poemas de Milton Torres e estabelece um diálogo com o presente, através de uma contextualização, atualíssima aliás, pela qual passam os poemas, nestes dias de guerra no Iraque ("Europa Semper").

Murilo Mendes em um texto intemporal que é ao mesmo tempo uma das mais belas e sinceras poéticas modernas, "A Poesia e o Nosso Tempo" (1959), vaticina que "o futuro da literatura acha-se pois intimamente ligado à fisionomia deste mundo novo que se constrói. [...] [P]rovavelmente se voltará a acentuar o caráter cósmico da poesia". É precisamente nesta linha de pensamento que se insere a poesia de Milton Torres, respondendo agora a este vaticínio do grande poeta mineiro e obrigando-nos a ler a sua moderna e clássica poesia com olhos novos. Entre tantas produções poéticas contemporâneas que têm recorrido a formulações desgastadas do verso é salutar para o público-leitor receber um livro como *No Fim das Terras*. Ao examinar a sua escritura, a primeira impressão que temos de Milton Torres é de que ele é um poeta tarimbado quanto às soluções formais, e maduro no que respeita ao domínio da linguagem poética e de seus sons. Porém, erudição, bom gosto formal, capacidade de síntese, compromisso social e histórico, multilingüismo são também outras destacadas qualidades da sua poesia. Como bom poeta, ele não vacila na escolha das palavras ou na pontuação, nem na seleção do andamento rítmico e apresenta um rico elenco de painéis e variedades, dos quais a nossa poesia contemporânea tem de modo geral carecido. Seja-me permitida uma generalização um tanto radical para levantar a hipótese de que, salvo engano, à poesia atual no Brasil, depois de João Cabral, falta uma certa universalidade, a qual, quando excepcionalmente ocorre entre nós, significa na maioria das vezes extrair do particular ou do regional a sua dimensão totalizante.

O presente volume divide-se em duas partes principais, "Portugueses" e "Novo Mundo", formando no total uma coleção de 161 poemas. Na primeira parte, o leitor encontrará quatro subdivisões, sendo que a que encabeça o conjunto, "Hispania", antecipa os temas encontrados na segunda parte do livro. As outras três divisões ("Da Memória", "Do Império" e "Do Pensar e do Fazer"), colocam em termos filosóficos alguns dos problemas culturais, políticos e econômicos mais significativos do Império português durante a época das conquistas territoriais e da colonização. É preciso admitir que este *pensare et facere* não somente norteia o aspecto conceitual destes poemas ("Do Pensar e do Fazer"), mas também recorta obliquamente os da primeira e segunda divisões ("Da Memória", "Do Império"). Apoiado na retórica medieval cristã, destilada a partir das releituras de Terêncio e Boécio, e passando por Thomas Kempis, Dante até chegar a Maquiavel e Muratori, o binômio pensamento-práxis da Escolástica, extraordinariamente explorado por Milton Torres, denuncia a brecha que se abre no Império português, ao longo dos séculos de dominação territorial, e por onde cairiam os irreconciliáveis "fazer e pensar", "fé e razão". Veja-se nessa defasagem entre pensar e fazer, por exemplo, a situação do reino português e do judeu poderoso prestamista no poema "FIDELÍSSIMO Tem-me o Papa".

A segunda parte, "Novo Mundo", contém também quatro subdivisões, uma sem título, mas que poderia se chamar "América Espanhola", e que se associa à conquista e exploração dos territórios hispânicos na América. Os outros três subcapítulos, "Poemas Brasileiros", "Quadras do Sul" e "Poemas do Rio", como os subtítulos estariam indicando, deveriam abarcar assuntos especificamente brasileiros. Porém, na sua essência, extravasam os limites da brasileiridade. E é assim que a poesia de Milton Torres não pretende compartimentar-se nem manter as amarras com esta ou aquela época e nenhum compromisso com uma só língua ou uma só nacionalidade. Este último aspecto reveste-se de interesse lingüístico para o estudo de um poeta poliglota e polifônico ao mesmo tempo. Esta identidade polivalente que poderia subtrair – pensemos em Manuel Botelho de Oliveira – termina adicionando excelente qualidade à sua poesia, como é também o caso de Sousândrade. Quer dizer, a experiência diplomática de Milton Torres, como cidadão do mundo e observador arguto das coisas e das pessoas que o rodeiam, quer esteja na Europa, na América Latina ou nos Estados Unidos, ajuda-o a repensar o universo nas suas várias dimensões sociais e momentos históricos. Para ele é muito fácil saltar daquele Portugal quinhentista às ruas do atual Rio de Janeiro, miserável, lastimado pela violência e pobreza e entupido de drogas. Talvez seja a partir da recente experiência do poeta que reside num espaço geograficamente bilíngüe como é o Texas que se possa explicar o fato de que muitas de suas composições sejam em inglês, em espanhol ou bilíngües, ora combinando o espanhol com o inglês, ora compartindo o português com o espanhol ou o inglês. Todavia, adotando semelhante critério, poderíamos pensar também no poeta poliglota que utiliza diversas línguas para dar conta do universo multifacetado do Brasil, desde a época do domínio hispânico sobre Portugal e suas colônias, das incursões históricas dos franceses em nosso território, da natural simbiose entre o espanhol e o português nos espaços sulistas de contato com as nossas antigas e novas fronteiras, dos maneirismos afrancesados da sociedade carioca do início do século XX ("Rio de Janeiro – 1900") e da invasão norte-americana nas áreas do mercado e da cultura brasileiras.

Se pode parecer que o multilingüismo na poesia de Milton Torres busca exibir o virtuosismo poliglota do poeta, esta falsa impressão se esvai quando compreendemos a preocupação dele por uma certa essencialidade da língua portuguesa, seu principal veículo de comunicação. Lançando mão às particularidades do português ou do espanhol antigo, transportando trechos inteiros ou parciais de textos latinos ou em língua portuguesa medieval para a página do poema, o poeta não só estaria desfamiliarizando a língua, recriando-a ou reambientando-a, mas também logrando uma nova dicção, como resultado natural de uma forma mista que é a que caracteriza o *poema-collage*. Tome-se como exemplo "O Tempo e a Lusitânia", poema que transpõe passagens latinas mescladas com um trecho de Gil Vicente. O correlativo deste gesto é a afirmação essencialista de um conceito de Língua que mais ou menos deixa de lado as suas denominações de origem, ou seja, as várias línguas particulares, para poder voltar a elas somente quando houver necessidade. Portanto, a mudança de dicção que às vezes se opera rapidamente num mesmo poema auxilia na execução, já em outro plano, de maneiras de representar que percorrem séculos e casam *epistemes* várias. É o caso de um dos poemas iniciais, "Sevilla", em que a tragédia da Inquisição é contada em língua moderna espanhola com imagens surrealistas, e de outro mais tarde ("E não se Ladrilha o Chão...") que lacônica e liricamente embeleza o vulto de Garcia de Horta, vítima também do Santo Ofício.

Muitos dos poemas da primeira parte do livro estão iluminados por esses instantâneos fotográficos que primam por sua capacidade de concisão e são logrados por silepses, hipérbatos, polissíndetos e antíteses. As várias passagens dos poemas iniciais extraídas de manuais portugueses de caça, de falcoaria e de narrações vigorosas de Fernão Lopes servem para dar o tom paródico, mas sempre mantendo a eficiência do discurso e garantindo assim o seu efeito crítico. Note-se como no poema "Quem Bem Negaceia a Caça Bem Rege o Reino", o poeta equipara a matreirice nas atividades do caçador com a do governante nas atividades do Estado. Cumpre acentuar ainda a recriação de atmosferas discursivas, usando convenções modernas da língua, como a que surge no poema "Eu, Abraham bar Samuel bar Abraham", peça que também inaugura um dos grandes temas do livro, o das personagens heterodoxas da história da península ibérica. Mas também a recriação da linguagem camoniana aparece perfeitamente ajustada à sua época num argumento agora inventado que é também por sua vez uma crítica aos estamentos da época das navegações portuguesas ("Rôtas há tanto Tempo") ou da ineficiência econômica do Império em bater moeda ("Achei Achém [Achegas] ou Os Benefícios Marginais").

Crítica é a postura do poeta que se mantém ao longo de todo o livro, parecendo às vezes perder-se entre poemas circunstanciais, mas para reaparecer revitalizada mais tarde. No subcapítulo "Da Memória", o poema "Das Carnes" inaugura o tema da defesa das mulheres. Este poema, que se emparenta com outros extraídos de manuais, oferece a possibilidade de uma leitura metafórica válida para defender a liberdade das práticas homossexuais ao mesmo tempo que vergasta a condição inferior da mulher. Nos quatro poemas que seguem, a própria voz histórica do documento se encarrega de evidenciar os anos de ultraje e crueldade impostos à condição feminina.

O fascínio do poeta para com as formas do domínio português em suas colônias torna-se evidente pelas várias releituras históricas que ele emprega na confecção de sua poesia. Os painéis históricos nunca são estáticos e prestam-se à compreensão de situações presentes, como a da total destruição cultural da ilha de Quíloa ("Quem a Quíloa Chegar"), à qual se refere Milton Torres também em nota de rodapé. Esta, a exemplo de outras semelhantes, faz enlaçar o tempo passado com o presente para que o leitor se dê conta dos padrões recorrentes da História. Mas também, como na maioria dos poemas que levam esta notação, cumpre a função de informar ao leitor sobre as origens dos textos apropriados e reelaborados.

O poeta submete a expansão portuguesa a escrutínio naquele ponto em que ela permite desmascarar o autoritarismo da política do Estado quanto à rigidez estamental ("Empresa Marítima") e a forte censura pela qual passavam os cronistas ("Escreve, Escriba, que Caiba"). Onde, todavia, se mostra um aspecto que ainda mais sensibiliza o espírito poético de Milton Torres é nas instâncias da crueldade utilizada para manter o controle territorial das colônias. Nunca deixará ele de mostrar o lado particularmente sinistro e enfermo da imagem dessa crueldade e cobiça aplicadas ao Infante Dom Fernando "imolado" em prol do assenhoreamento das terras de Ceuta ("Infante-Santo"), ou de um instrumento "sagrado" de tortura estrategicamente oculto na carapaça da santa ("Iconografia Latino-americana"), ou ainda a prática dos nativos de cortar as patas dos elefantes na Índia ("huma grita..."). E sob esse signo tão pungente da violência, que o Império português procura justificar seus atos, vamos vendo-os desfilar perante os olhos da Igreja e do Estado que de mãos dadas se deliciam com as ruínas culturais na África, na Ásia e no Brasil. Para constatar tamanho desrespeito ou indiferença aos ícones culturais, basta ler o poema "O Dente de Buda (Trazido a Goa)" baseado em lenda que encerra toda a crendice de um povo em algo tão minúsculo e sagrado, mas caprichosamente desacatado e destruído em cinzas lançadas ao mar.

Se há semelhança entre o *poema-collage* de Milton Torres, produzindo efeitos parecidos aos da poesia de Manuel Bandeira, quando esta nascia da notícia de um jornal, por exemplo; ou parecidos aos dos poemas de Oswald de Andrade, ao originarem-se das crônicas coloniais, tal comparação só vem confirmar o lastro poético do poeta gaúcho. Além disso, Milton Torres se aproxima de Bandeira na musicalidade e no ouvido afinado para a língua, e de Oswald nos *puns* ou jogos de palavras ("Golden Goa"). É fácil calcular a importância dessa contribuição de um poeta que sabe assimilar o melhor de sua tradição, tradição inclusive que abarca movimentos já não tão recentes como o concretismo brasileiro. Seria suficiente um só exemplo como o do poema "Matriz das Ilhas de Maldito Mar" para ilustrar a particularidade barroca-concretista que, além dos aspectos visuais explorados pelo grupo paulista, traz algo também daquela intenção totalizante e totalizadora de *Galáxias* de Haroldo de Campo. O poema de Milton Torres se apresenta como carta de navegação antiga, labirinto poético barroco e ainda como instrumento canibalizador deglutindo outros poemas do próprio acervo. É por isso que vemos "O Dente de Buda (Trazido a Goa)" e "Quíloa", para mencionar apenas duas peças, no ventre do poema maior ("Matriz das Ilhas de Maldito Mar"). Para a vitória desta feliz composição musical em *allegro con brio*, tal como aparece na notação do poeta, contribui o seu caráter polifônico e multilíngüe.

Será na base do pensamento escolástico que vamos nos dar com a síntese explicativa para os poemas do subcapítulo "Do Pensar e do Fazer". Não encontraremos em nenhuma outra parte de *No Fim das Terras* um grupo de poemas tão irônicos e ao mesmo tempo filosóficos. Questionam-se nos poemas as antíteses básicas da Escolástica (e.g. virtude e pecado, razão e crença) e a sua enorme e funesta influência sobre os negócios de Estado portugueses. Com "Da Sapiência Pré-experimental" o poeta joga ao lixo o blá-blá-blá retórico das figuras arroladas em séculos de elucubrações filosófico-teológicas e entremete um "Ahá!" no latinório fácil e envolvente da armadilha da linguagem, cujo efeito será o mesmo que o da teia tramada no poema em inglês, "Universidade de Évora", onde a baba aracnídia é metáfora da baboseira repetida em moto-perpétuo. Estes poemas são momentos altos na produção poética de Milton Torres por que demonstram a perícia no manejo dos aspectos formais da linguagem poética, os quais criam sentidos e ao mesmo tempo são criados por esses mesmos sentidos. Observe-se no poema citado como o último verso sugere idêntica construção ao do primeiro e insinua o ritmo circular da construção da teia (retórica) que se vai urdindo para prender fácil e suavemente a sua presa nos falsos silogismos do discurso filosófico cristão.

O profundo conhecimento tanto da história luso-brasileira como o das Américas é um dos pilares que sustentam a produção poética de Milton Torres. O belo poema "Pombal" é exemplo da melhor aptidão lírica em que se coadunam conhecimento histórico e de mudança epistemológica (agora a Ilustração), sutilezas lingüísticas e engenho ("...a tudo, régua compasso e metro, mas metro sem da rima o martelo, e assim me canta o Uraguay") e perfeita caracterização do déspota ilustrado ("fez Deus um terremoto faço eu mais outro"). Seguem dois poemas mais para fechar o ciclo pombalino: um *poema-collage* "A Outra Face do Iluminismo" e o genial "Viradeira, Virou Virado". Observe-se neste último a representação da queda vertiginosa do império lusitano a partir da chegada de D. Maria I e a fissura que se interpõe entre Portugal e Brasil, com este exibindo todos os luxos artísticos de sua cultura e acenando o começo de uma nova e próspera fase de sua história frente à decadência da matriz lusitana.

Inserem-se numa rede imagética de rara beleza os primeiros poemas da série "Novo Mundo", a segunda parte do livro. As imagens dos primórdios das cavernas com desenhos rupestres ("A Cova. Entramos, e a Tralha"), as da conquista dos espanhóis e as dos deuses maias e astecas iluminam os poemas, cuja temática explora o longo caminho da devoração colonialista na América Latina. Mas cuide-se o leitor, porque esse tipo de poesia não assume voz denunciatória. Ao contrário, à medida que se intensifica a crítica social nos poemas estes se tornam mais metafóricos. Observe-se como a batata pisoteada pelos pés do índio em "Bolivia-Perú" pode ser lida como símbolo da opressão dos homens dessas terras que vivem sob o coturno dos governantes; e como Milton Torres transforma as partes da bananeira em uma combinação inusitada e preciosa de metáforas militares ("Banana Republics)".

A antepenúltima seção de *No Fim das Terras*, "Poemas Brasileiros", é a mais longa e poderia também incluir as duas partes finais, formando um total de setenta e um poemas (ver o Posfácio). Embora não haja uma rigorosa preocupação cronológica quanto à exposição dos fatos históricos no livro em geral, estes poemas em particular aparecem ligados por uma linha evolutiva que começa e detém-se mais nos anos da nossa história colonial, passando pelas débâcles da época em que predominou a economia de monocultura no Brasil ("Por el Recóncavo", "Acende o Sol...", "Goyaz los Ríos...", "Café do Paraíba", "Café Cortês", "Tempo de Mauá", "Ciclo da Borracha"), para daí chegar aos anos sessenta e setenta da ditadura militar ("Brasil – 70", "Litores e Questores") e, finalmente, terminar no Brasil de hoje, visto como laboratório de modelos econômicos ("For Chicago..."). Nos poemas de fundo histórico propriamente dito, encontramos a Igreja com seus aparatos barrocos ("Santo de Roca", "D'ouro", "Rococo") e seu desmesurado poder ("Sete Povos"); o Estado sendo desafiado por uma voz dissidente ("A Frei Caneca") e espoliado pelo centro de poder capitalista ("Elephant's Cemetery").

São os últimos poemas do livro em "Quadras do Sul" e "Poemas do Rio" que verdadeiramente demonstram a habilidade de Milton Torres em ligar as pontas do fio da História, passado e presente, e ainda conseguir de maneira admirável estar de antenas postas à pequena história das ruas. Em "Poemas do Rio" há uma certa nostalgia que nos toca fundo n'alma porque para o poeta a cidade que ele e os da nossa geração conhecemos algum dia se acabou ("Cinelândia", "Copacabana"). Dos destroços dessa ruinaria emergem, como se fossem agora monstros saindo de uma caverna, artefatos de consumo fácil, drogas, importações culturais postiças, tiros pelas ruas, violência. "Quanta saudade / neste gargalo apertado da memória", registra o poeta de forma quase documental, que é também o seu modo pessoal de chorar e rir com a vida, mas com a mirada sempre fixa no horizonte da História.

Leopoldo Bernucci

PORTUGUESES

Hispania

O TEMPO E A LUSITÂNIA
A MORTE

/ / / risi (?) / FCON   BVS   CAELiAE   ACCIF
/ / IENSIANLX   VS   matri?/ / / / / / LIB
/ / /raPATERNIF   FIL   / / / / / / / / / FC
/ / / RITO FC   S

AMA / / / /   / / / V IAECAE bOvIAE LiB   MERCV
TOVTO / / / /   / / /N XXV I AO? / / / IN / / AQViLi   RIO ESI
CAMA / / / /   / / / gENEROn / / / o?TAELIB   BRAEo
AVELL / / /   / / / / / / / / / TAECAE   ....
AVITUS / / /   / / / / ae D S F C   ....ti?
VSDS / / /   alus

O gram juízo esperando
Jaço aqui, nesta morada;
Também da vida cansada,
Descansando.

Pergunta-m-e quem fui eu:
Atenta bem para mi
Porque tal fui com'a ti
E tal hás-de ser com'eu.
E, pois tudo a isto vem,
Ó leitor de meu conselho,
Toma-me por teu espelho,
Olha-me e olha-te bem.....*

A NOSTALGIA DA VIDA

Hospes quod deico paullum est: asta ac pellege.   Vixi quem ad modum volui.
Heic est sepulcrum hau pulcrum pulcrai feminae.   Quaere mortuus sum nescio

* Gil Vicente

Mediterráneo, aguas de paradoja
bancos de rubio coral que petrifica el aire
como el cerebro que se daña
escollos sutiles sutiles – más que eso,
inútiles
desde Edad Media enferma el silogismo
– y así vive –09
sirtes por toda Cirenaica, donde
algún día
navegaban sin riesgo las corrientes del pensar

hoy
solo hay Cataluña, ¡viva la Cataluña!

ao fim das terras depus teus ossos,
Tiago,
pr'a o peregrino puxares
entre o mar e o mouro

de los altos de Finisterra
remiro la mar antigua
infinita por la transparencia

y la dialéctica,
que nos es propia

O SINO DE COMPOSTELA

no lombo fiel vai-se o sino
de Compostela a Toledo
no lombo infiel vem de volta
ao prisco assento seu

no duro chão por que passa
à tarde toca as matinas
as vésperas na antevéspera

na hora crespa da aurora
badala descompassado
os descompassos de Espanha
e forte tão forte bate
a qualquer que hoje o carrega

¡adelante adelante! ¡México es oro fino pura plata el Perú!
del saqueo de Indias va Dios todo lucido
y la Virgen aún más; la culebra a sus pies, el ojo
dos esmeraldas, siete rubíes el crótalo: Virgen,
teniéndote a mí tan cerca de ángeles no carezco. el Diablo
por tan negro se no lo percibe de noche, con tinturas
  ademanes
cruz al pecho bordada, por fraile o cortesano pasaba
en tiempos así aviesos de Don Felipe el Segundo

SEVILLA

a Beatriz de Angulo

por la Plaza Mayor arde el azufre, arriba
una canasta de humo: carga las quemadas brujas;
se ríen mucho, sueltan hojas amarillas
rojas ocre color – es su memoria

todo es blanco y quebradizo. el perro vagabundo,
sucio el hocico de orín y cinabrio, se confunde con la gente
en disfraz; es fiesta de todos los santos

en el fuego azul de la tarde erran los pájaros
y se caen por tierra, el ojo en un punto, gran semilla redonda
que solo la ven los pájaros

olor de limón y naranjas maduras
una fuente muy delgada quiebra en el aire
– sólo escucho a tus celos

Setóbriga, o teu esqueleto aquático
as costelas de fora, – o resfólego
inda oiço na baixa-mar da memória

rebusca os homens do mar alimpa-os da salsugem
e da rouca buzina os zagais desperta e os mancebos
que semeiam a lanço o grão vivaz
e traze-os todos, que tangem e tocam e dançam

e da Lusitânia se chamam

da memória

DO FALCOEIRO DEL-REY

os falcões
que ameude soen a comer viandas grossas
gerão PEDRA
e esta PEDRA
gera na tripa por que o falcão tolhe
onde se junta no cu do falcão
e he feita como PEDRA
esta PEDRA
quando assy he gerada
podeslho entender tu quando vires o falcão tolher
huã vez
e logo tolhe outra em pos aquella
e depois desto
vai com o bico ao cu
e trás a vianda apressa no bico
e bate com o cabo na luva
e enche as penas do oveiro de merda
sabe que entam ha PEDRA

SOBRE A ÁLEA DO PODER
CONJECTURAVA ELRREY EDUARTE

pode homem
pêra trás derribarme

alvorando
pulando
saltando
de ssospeita sobindo
que me torve a vista
e caya,
per desacordo

QUEM BEM NEGACEIA A CAÇA
BEM REGE O REINO

des que o Rey tiuer posto sinal ao Porco
e se afastar fora pera o auer de cercar
pare logo mentes donde lhe Uem o Uento
e des hi dee o cerco escontra donde lhe Uem o Uento
em tal guisa uaa que nom passe o rumo por onde Uem o Uento
senom que sempre o sabuio Leue o Uento
em rostro, per milhor cheirar – assi damnado o porco

RETRATO DO INFANTE QUANDO JOVEM

"Era mujto usado de saltar, e correr, e remessar a cavallo e a pee, sofredor de gramdes trabalhos a monte, e a caça, e semelhamtes desemfadamentos; ca el per dias e noites numca perdia afam, levamtamdosse duas e tres horas ante manhaã, aprazamdo de noite per imvernos e calmas, des i cavalgar, e correr fragas e montes espessos, e saltar regatos e corregos de gramdes cajoões, caimdo em elles, e os cavallos sobrelle:......"*

* a beleza da crônica antiga: Fernão Lopes

44

"Emtom deu huuma gram tirada pella pomta da collcha, e derriboua em terra: e parte de seu muj alvo corpo foi descuberto,..............................
....e em aquel derribar que o Iffamte fez, lhe deu como o bulhom.....................per amtre ho ombro e os peitos, acerca do coraçom; e ella deu humas altas vozes muj dooridas, dizemdo: "Madre de Deos, acorreme, e ave merçee desta minha alma": e em tiramdo o bulhom della, lhe deu outra ferida pellas verilhas: e ella levamtou outra voz, e disse: "Jesu filho da Virgem, acurreme": e esta foi sua postumeira pallavra, damdo o sprito, e bofamdo mujto samgue della
....

O Iffamte como acabou aquello por que vehera, cavallgou com os seus, e tornou pella ponte, e non quedou damdar sem fazer deteemça, ataa que chegou a Sam Payo,..
..............................." *

* a crônica, seu poder narrativo: Fernão Lopes; só se lhe compara, em toda a língua portuguesa, o suplício dos Távoras, por Camillo

DAS CARNES

"As carnes dos Animaes masculinos saõ melhores, que as das femeas: porque os machos tem mayor calor, & agilidade, trabalhaõ mais, & poristo as suas carnes saõ menos excrementicias, cozem-se melhor, & daõ mais nutrimento ao corpo."

mas coitada de mim, menina e moça,
da casa de minha mãe me levaram
para muito longe – negro o trajo
preso na gola solto no cós

e suei tanto e muito pari
e quanto fósforo qu'inda perco!

TAMBÉM DA CONDIÇÃO DA MULHER

"Senhores Framcisco Nogueira e Gonçalo Memdez*, eu mando laa estas oyto molheres. Peço-vos por merce que as tenhaes hy bem agasalhadas, e estarem ao uso dos homens christãos e nam mouros. Mandai lhes dar seu mantimento de arroz e mamteiga, e cada ano averam seu parava. E sejam bem agasalhadas per vos, e seu mantimento muito bem pago, emcomendovo las muito, porque de tres em quatro meses viram estas e yram outras. E sejam agasalhadas bem e nom nas tenha nygem apartadas per sy."

---

* respectivamente, capitão e feitor de Calicut. Afonso de Albuquerque, escrevendo de CA-NANOR, em 3.12.1513. (fragmento transcrito da admirável Documentação para a História das Missões do Padroado Português do Oriente, coligida e anotada por António da Silva Rego, Fundação Oriente, Lisboa)

48

AINDA DA CONDIÇÃO DA MULHER

"Quando estes reis* morrem, não nos enterrão, mas os queimão; são obrigadas todas as molheres e mançebas a se queimarem vivas com o rey, e se alguma esta prenhe, aguardam ate que paira, e então a quimão, e assy mesmo fazem todas as molheres casadas. Aconteçeo que queimarão huma vez huma moça de idade de desasete ate vinte anos, por morrer seu marido, e como isto era muito perto do nosso lugar, foy la huma molher casada que avia pouco tempo que viera de Portugal, e falando com ella em cousas de Deos pera ver se a podia converter, respondeo ella: "não curemos desas cousas, eu tenho aqui pouca lenha para a minha queima, rogo-te que me não fales nisso, da-me huma pouca de lenha pera que seia logo queimada, porque esta não basta.

....

....

As que se queimão he desta maneira: fazem huma grande fogueira de lenha que pera isso da** muita gente, e assi mesmo azeite, e despois da fugueira feita, trazem a molher seus parentes com os homens do povo, e vem com grande festa de muitos tangeres*** e folias, e ella vem carregada de muitas jóias de ouro; então o parente mais velho, estando ya na fogueira, primeiro que a queime, anda bailhando derredor della, tirando peça e peça, e despois lhe dão a beber huma beberaiem de que fica bebada, a deitão no fogo; são logo tantas as panelas de azeite sobre ella que em menos de quatro credos nem os ossos não ficão sem se queimarem;" ....

....

* régulos da Índia Portuguesa
** dá
*** toques de instrumentos musicais. (fragmento, fonte precitada)

DA MULHER

a Cynthia da Fonseca Alves dos Santos

o eros fragmentado
do favo

a dormência do macho
a sua vaga expectativa

o projeto hexagonal da obreira
a parede cerosa, sem som. a dança
estéril, ao rés do pólen
a dança
sem o pathos original da dança

o néctar floral da rainha, a ciranda
enzimática
o vôo para além da colméia. exaurem-se os zangões
e caem. ela só
no espaço azul da experiência

do império

QUESTÃO A LACTÂNCIO

e o antípoda cai,
– que não cai?

e seu xixi desce,
– já subindo?

AGULHA DE MAREAR

longa, quão longa
e compassada,
e os ferros em flor-de-lis
e em fora nem da flor – por quarta e duas e mais –
que em frol, é vero,
se assentarem

há-de
terçada a caixa
e toda
em iguais trinta
e dois de redondeza
que assim às quartas
as quartas só respondam
desta rosa, rumo a rumo e quarta
à quarta

e feita toda a flor, e mui distinta,
no glauco amavio do oceano-mar se perca
um dia

eu, Abraham bar Samuel bar Abraham
Zacut, de terras tantas expelido e pl'o mundo
errante a vós vos digo: dos astros acautelai-vos do retrógrado girar
– afogar-vos-á novo dilúvio qual ratos na sazão das águas

temei as estrelas fixas, de humor mutante,
e nas tocas escondei-vos abafadas
pois dantes vos vêem tais estrelas que o sol foi feito
e o próprio tempo, assim tão frígidas.
partidos, divaga o mal pl'os hemisférios – inda a vida não houvésseis
cada um: predestinados sois no curso vário dos maus fados

as tábuas segui – ofereço-vo-las – que os céus revelam
e por longes mares andareis breve
ao estrelado aberto espaço o mal bebendo

INFANTE-SANTO

"como quer, senhor, que vosso reino foi assaz grande para berço em que nos
criássemos de pequenos, agora é mui pequeno para nos criar em grandes"

ordenas, Senhor, que a merídio velejemos!,
– e as aguadas e as praças
donde apóia a Cruz
e os grãos mofinos que nos faltam ao pão nosso
e à náutica bolacha?

– nos reinos do Marrocos
as aguadas as praças e os pães assazonados!

da féz do Belzebu, mui dura
e seca, este Reino de Fêz que se não parte! – perca-se
o Infante, perca-se a Ceuta?

perca-se pois o Infante, que Ceuta
é chão do Cristo – assim socorre-nos o canonista,
o Arcebispo

"ha gram falleçimento de trigo, e cevada, e outros mantijmentos, de que antre todallas terras do mundo, el sohia de seer mais abastado; e esse pouco mantijmento que hi ha, he posto em tanta carestia, que aquelles que ham de manteer fazenda e estado, nom podem cheguar a aver essas cousas, sem gram desbarato daquelo que am: e veemdo e esguardamdo que antre as razoões, e per que este fallamento vem, a mais espiçial he per mingoa das lavras, que os homeens leixam e desemparom, lamçamdosse a outros mesteres, que nom som tam proveitosos ao bem comuum, per cujo aazo as terras que som comvenhavees pera dar fruitos, som lançadas em ressios bravos e montes maninhos;...
....
....

E por quamto pera lavrar a terra som muito neçessarios mancebos, que servem assi em guarda de gaado, come pera as outras neçessidades da lavoira, os quaaes aver nom poderiam, por se lamçarem mujtos a pedir, nom queremdo fazer serviço, se nom buscar aazo para viver ouçiosos sem affam:.."

rôtas há tanto tempo,
das azenhas do céu sobre as minhas costas colhem os azenegues um quase nada
ao sustento seu, que próvido não sou senão dos maus agouros.
por isso me não ultrapasses, o Não que eu mesmo sou

fátua fortuna que a merídio buscas
pelo mar – o flexo nácar e tão cavo a luz distorce, o âmbar
odoroso e tíbio sonha o que Deus veda, o fino aljôfar
entre os dedos corre quanto a areia donde vem;
na asserta rota de tua perda, a ébena carga
haverás breve: o preço vil, a alma pequena

de mim não passes – vê, à vera cruz pejando (nas velas
não na levas?) os males que obrarás tantos se me transpassas.
– torna, Infante, ao porto da partida! surtas no Algarve
as naus tuas, à terra dá-te em vez, ao plantio dos faltos grãos
que el-Rei a peso d'ouro em vária parte busca
a quietar mal provida a populaça

é tarde. se houvésseis, oh filhos d'algo e boa súcia – que só a vós falo
que, vós só, mandastes cá – em vez das páreas d' Ásia
e das páreas outras tantas, grão por dentro e não mofino o pequeno Portugal

quem a Quíloa chegar
e Quíloa de quem chegar,
quiasmos da serva antiga
já em tantas mãos passa
que a si mesma se não acha:

o quadro presume próprio
do que em África mais será*

* um dos primeiros e acentuados casos de deculturação na África Oriental

EMPRESA MARÍTIMA

o fazedor é o Rei: eu mais não sou que o bater da nadadeira sua

escreve, escriba, que caiba
no mesmo papel que te dei

ENCOBERTO DESCOBERTO
DESCOBERTO ENCOBERTO

ACHEI ACHÉM (ACHEGAS)
ou
OS BENEFÍCIOS MARGINAIS

Senhor,
dinheyro amoedado han tanto,
polla Prouidencia a Uos guardado,
pera os heresiarcas destruyr, e seus secazes:
refazer, & os reynos reformar
patrimoniaes,
sostentar os ganhados;
desbaratar,
exterminar,
e desterrar o Turco,
a Sancta Hierusalem tomar,
& Affrica, & Ásia, & America

pera exalçar-se
o Sancto nome de Christo
pollo auenturoso braço Uosso

VISÃO DE AFONSO DE ALBUQUERQUE

a José Augusto Seabra

Ormuz,
ao Mar das Índias o Sino fechas,
mercenária língua que a tudo 'gustas
na passagem

dançarina,
umbigo de avelã tão escuro,
entre os Pares meneias deste Mar

Fusta-Ilha, assim breve,
e não zarpas?

escaldam tuas calmas e não durmo
– forasteiras velas, galés turcas? – mil bocas
à pequena tua boca?

Ilha-Fêmea, barroco brinco
às águas furto, – quando te vais
e me deixas?

signo das águas.

a luz declina as formas vivas embaraça-as

no confronto do fluxo e do refluxo, por entre as paredes que fogem ao tato:

o bracejar sem avanço no horizonte das medusas

o choque dos seus cabelos em teu cérebro, no cerebelo – a consciência

atropelada

terra firme. o sobe-desce dos símios, masturbam-se.

a cópula do paquiderme o peso dobrado das carapaças

a pateada sobre as fezes.

colunas tomadas do fungo, fartum

que sobe à copa donde pouca luz passa; a rosca das lianas (todo o espaço

oportunista) paralisa a seiva, fraquejam os troncos acamam,

o rastro preso à crápula. isso

a própria razão dos impérios, a sua metalinguagem: gigantes uns poucos

pigmeus quase todos

de como os pigmeus (que os há também nativos)

mateiros e matreiros, conto-vos em pormenor, o próprio alifante abatem:

"E como os alifantes venhão muitos em companhia, dam-lhes os cafres huma grita com a qual, espantados os alifantes, se espalhão pello mato e os cafres apos elles. E como ho mato seia muy espesso e os alifantes grandes, embaraçam-se nelle, de maneira que se não podem virar para onde querem. Então chegão a elles os cafres, e vão apos elles, e com as machadinhas lhe dão nas pernas traseiras, as quais tem muito tenras, e assi lhe chegão com o golpe ao osso, o qual, como fiqua desacompanhado da carne, não pode ser tão grande machina e quebra e o alifante cae no chão."*

* da já citada Documentação

ARQUIPÉLAGO DO MALUCO

de Ternate a Motir cora o cravo,
dana a gente. vai a vela pejada
vai a vela de Banda* e pesa a carga
outro tanto do tanto que bebe a flor:
ao filho da má-fortuna bebe o suor e o sangue
bebe a lenta peçonha a quem do espaço se apossa**

do cravo
já não se alembra o cravo do Nosso Senhor:
o perfume há do pecado, por cor a do Negro Cão

* ilha e mar de Banda
** Dom Francisco Serrão

O DENTE DE BUDA (TRAZIDO A GOA)

enfim, o desconforme dente!
no almofariz da fé ffffffffffffffffffffffffffffffffffffffff fi-lo em pó
e soprem-no os pandos ventos té os incréus
e asfixiem-nos um a um da sujidade – o Senhor é servido!

a Ivo de Castro

"e não se ladrilha o chão pera colher a lagrima que cáe"*

* descontextualizado de Garcia de Horta

68

GOLDEN GOA

é Sant'Elmo é Satana
a roxa mancha que na gávea dança?
– dize-o tu, moira-torta,
do alfarrábio da História

na carreira de Goa
corre o risco mais que o trato,
que espreita o marata
o mamaluco
o omanita e o turco

e corre a morte mais solta
nesta carreira de Goa
entr' as quizumbas do cafre
e o furor do Mafoma: por mar
a otomana armada por terra o Grão-Mogol
o Grão-Cão, que as descobertas terras
todas tem descobridor

na carreira de Goa corre a febre
terçã corre a quartã
e fogoso corre o Ofício, que parelha põe a fé
no tão desparelho Estado;
corre o ouro cunhado tanto mais o enteado;
inda muito mais corre da toda gente a má-fé

à vistas de Goa bem ao pé de Xavier
mais salsa e mais suja salta a salsugem
– a cada corpo que cai da amurada da nau

com lastro (e uma pouca de cousas) partem as naus, com cravo e canela tornam
o picante gengibre a noz moscada
e a pimenta em grande cópia que do Reino hoje se diz. com o Brasil
melhor se faz:
vai de tudo por cá, do pano à pedra lioz. vai o negro escambado
por arroba de ferro, algum rolo de fumo; encarece
ao chegar lá. e tudo vem que manda o estanco
e muito mais, que do rol nem se carece

como certo isto se tem – da desvergonha
em conta, e no mar do que se perde – à mais certa acum'lação!

– mas que se passa, Davi*, que todo o ouro-lastro passa
do nosso ao reino dos teus?!

* Ricardo

Mombaça,
praia oriental de Mombaça onde a nau capitânia jaz,
oráculo a hora torva espreitando
do naufrágio deste império,
nau que o salitre fez pedra e pôs na proa a sentença,
e por ocultar-se da vista a submersa areia navega

Mombaça Mombaça,
forte cheiro traz o vento que a pejada nuvem sopra,
e a chuva alimpa as terras, e o mar
feito água doce: e a nau há-de emergir, e brancas as enxárcias
e eretos os homens rotos que estas águas navegaram

MINI-MAX COLONIALISM

CAPE TO CAIRO   X   MAPA COR-DE-ROSA

X   X

MAPA COR-DE-ROSA   X   CAPE TO CAIRO

MATRIZ DAS
ILHAS DE MALDITO MAR *

Monomotapa :
Ouro ouro
Mono mo tapa
No momo tapa !

Indo ao Ibo
Do Indo ao Ibo ,
Volva
Fulva
Vulva ,

No Funvo
Fungo

Naumaquia ?
Taumaturgia ?
Tanatologia ?
Gigantomaquia ?
Quiromania ?

Roxo
Mar roxo
De raiva roxo

In mari meri miri mori muri

Mombaça
Moçambique
Mambembe
Pemba
Bimba !

Zanzibar
Azebre
Azeviche
Achém

Socotorá
Bassorá
Vossoroca
Vassourada !

Necesse fuit

In mari merdae mirae mori

Namban Batan Calimantan
¡ Ay ! Mirad : el Gran Cayman
¡ En ágoas , en ágoas de carapaos !
Bataclan bata Clan : bata !
Matapan mata Pan : mata !
Rataplan ! Rataplan ! Rataplan ! Plan ! Plan !

Dímelo, dímelo tu:
¿ Donde el fandango ?
¿ Donde las Filipinas ?

Cipango do Quambacudono
Cipango do Quambacu
Cipango do Quambacu
Dono
Cipango Cipango !

Ajouja java
Ajouja java
E Japão
Se não

Soidão
Soldão
Corão
Coulão
Bulhão   Bullion
Patão
Parlapatão
Jesu Christo !

Arremete
Ao Rume

E

Sunga a Bunda ,
De Banda Sonda Sunda
(Y te no pongas
Tan songamonga)

Solor
Livor
Timor
Torpor
Et tremor

Ofir
Rifó Ofir ?

Da tetra Taprobana ,
Que do tetraedro ? — Fi !
Túrgido tudo ! ,
Sea rascals !
Seer rascals !
Over - Seer rascals ! — Retro !

Malaca
Moluca
Maluco
(Nizamaluco !)
Mal sina !)
Maldiva

Que da mó ? — do Buda
Pulverizo , e o dente assopro
Fortississimo f f f f f f f f f f f , té Pegu !
Pagu ? , quedê Pagu ?
Pagu , no xilindró !

(— Oh ! pardalocas
Minhotas !)

Pardaus
Pardeus
Pardocas

Trucial states (insular some)
Untruthful states
Shouldn 't they be ?

Hold the Cross ('round the Cape)
And behold , — a Virgin shall conceive
Jesus saves !
Khristós ! Khrysós ! Crux ! Credo ?
(Privatportfólio)

muri : glug ! Gog ! Glog ! Magog ! : Sinking ! Sinking ! : Re - Thinking !

Cúria
Incúria
Múria
Lamúria

Quiasmos de Quiloa ,
Miasmas de Quios

Cáspite !
Calecu !

Cós
Córsega
Cave Corsicam

* allegro con brio

do pensar e do fazer

DOM SEBASTIÃO
e o
CHRISTIANI PUERI INSTITUTIO

Etenim castitas exitium affert neglecta, qui
vero leporis, & vurbanitatis iuranon feruat, solos
homines offendit, quod si sponte non accidit,
haud est magnopere laborandum.

– e trás portas masturba-se Sebastião

                               Cum igitur tam
necessaria sit fuga libidinis, praecepta, quibus ex
ecrabile hoc vitium arcere, vitareque docemur,
erunt diligenter obseruanda.

– e trás portas masturba-se Sebastião

Castitatis commendatio, libidinisque remedia

– e trás portas masturba-se Sebastião

vez mais
e masturba-se e arremete e se não vem
e da humana vista pera sempre se parte

SCHOLION
SCOLHO
SCHOLION
SCOLHO
SCHOLION

NOTABILE SCHOLION
ESCOLIOSE ESCLEROSE ESCOLÁSTICA

STATU QUO

DA SAPIÊNCIA PRÉ-EXPERIMENTAL

ou

A UNIVERSIDADE ANTIGA

PROBAT ex AUGUSTINO
Idem tenet DURANDUS
PROBATUR etiam ratione
Est DIVI THOMAE
Idem PROBAT ipsamet hominis
Constitutio
PROBARI potest ex calamitatibus
Quas patitur miser homo
Vide CAPREOLUM
Quod etiam optime DEDUCIT SCOTUS
Idem tenuit AMBROSIUS
Et ATHANASIUS
PROBATUR etiam ratione
PROBAT
CUM THEOLOGIA REVELATA
HIERONIMUS
CYPRIANUS etiam
MAIOR PROBATUR
MINOR PROBATUR
CONFIRMATUR
Maior est ARISTOTELES
Et Divus THOMAS   Ahá! Quod nihil scitur!
Sententia ergo MELIORUM DOCTORUM   Quod nihil
Conclusio CERTISSIMA ET FACILLIMA   Quod   nihil! Nihil!

ÉVORA

o sobreiro é esfolado e negro
como um negro em carne
ao braço secular rendido
e seco de qualquer resina
quanto a razão que se cala

UNIVERSIDADE DE ÉVORA

Aracne's thread
like babosa's (in dry season)
with tenacity
soft, no paradox
in case, scholastic apophthegms
in off-white encircling

vicious thread thine
– Aracne's

MÁ ALIMENTAÇÃO

a Evaldo Cabral de Mello

demais comes,
Damião*,
té febras nos fastos
com Lutero;
com Melanchton entremelaste-te,
e Erasmus
e Rescius
e Nescius

– tudesco tudo, e tóxico
à lusa louçania nossa

* de Goes

"Vaga a Coroa Lusitana pela razão já dita, vey de Africa o fatal Gigante Geriaõ Deabo, e com simuladas caricias atrahio a si os animos dos Portuguezes pela invenção de novos Sacrifícios, e muitos Deoses, e o elegeraõ por seu Rey, que Foy osétimo, sendo este oinventor primeiro de achar minas, e extrahir dellas ouro, e prata, como logo fez na Lusitania:.." *

* a Guimarães Rosa

81

DA ANTIGA ORDEM

"DOM MANOEL Joseph de Castro, Noronha, Ataide, & Sousa, nono Conde de Monsanto, terceyro Marquez de Cascaes, Fronteyro Mór, Couteyro Mór, Coudel Mór, Alcayde Mór das Cidades de Lisboa, & das Villas, de que se cõpoem o seu Estado, com Jurisdicçaõ ordinaria, & de juro herdade; Senhor das Villas de Cascaes, Monsanto, Lourinham, Ançam, Saõ Lourenço do Bayrro, Castello-Mendo, Villa de Bucicos; & dos Reguengos, de Oeyras, de Trancoso, Povoa de El-Rey, Bouça-Cova, & Administrador dos Morgados de Boquilobo, da Foz, & de Saõ Matheus; Senhor dos doys Terços das rendas Ecclesiasticas da Igreja de Penalva, & Padroeyro perpetuo da mesma Igreja de S. Pedro do Castello de Penalva, & das mays Parroquiaes de Saõ Salvador, & de S. Miguel da Villa de Monsanto, de S. Maria Magdalena, de Medelim, de Saõ Juliaõ de Portunhos, da Villa de Ançam; Padroeyro outro sim dos Conventos das Religiozas de Nossa Senhora da Conceyçaõ de Subserra, dos Capuchos de S. Antonio, & do Hospital da Castanheyra, dos Capuchos de S. Antonio de Cascaes, & das Cappelas móres de Penha Lõga, da Ordem de S. Francisco da Cidade; das Cappellas do Couto de S. Mattheus da Fóz, de Aramenha, & de Boquilobo; Comendador das Comendas de S. Maria de Pereyro, de S. Maria de Villa de Rey, de S. Maria de Segura, & de S. Martinho de Bornes, da Ordem de Christo; Senhor, & Capitaõ General das Capitanias de Itamaraçã, Taparica, Tamarandiva & terras do Rio vermelho no Estado Brazil; Governador, & Capitaõ General que foy do Reyno do Algarve; Governador da Fortaleza de S. Vicente de Belem, & do Concelho de Guerra de El Rey nosso Senhor."

FIDELÍSSIMO tem-me o Papa
por minha fé e freiráticos vezos
e assim é – se tudo posso – de Lisboa fiz duas,
sendo só

ao Reino muito alindei
de promíscua e grã fatura
e a Roma Utreque e Londra
hei pasmado, d' oiro com muito traque

meus dobrões de gramas trinta ajunta-os Álbion
a mancheias, e com isso oiço dizer
à Industrial Revolution mais capital de giro
décadas poucas do giro do passo meu

eia!
do oiro aos oirados fogos: do Corpo de Deus ao dia
e pl'a noite em fora o brilho!, do Santo Ofício
o ofício, dos sambenitos e dos círios a torpe marcha té o Terreiro
do Paço, o passo
suspenso agora, e por trás o Tejo
o Tejo que vê e memora, e o Paço e o brilho
na vidraça, e o brilho e o rebrilho do Estado e da Fé
ajoujados

DEMOCRÁCIO, OH PANCRÁCIO

"DEMOCRACIO, Democrâcio, ou De-
mocratico, governo. Vid. Democracia.
, O governo Democracio se julga mostro,
, porque he governo vulgar, & o vulgo
, sempre o há sido, & com domínio, mõ-
, tro formidável, sem conselho, sem ra-
, zão, sem espera, sem segredo, & sem
, resolução. Todos querem ser cabeças
& ....*

* do Dicionário de Rafael Bluteau, Lisboa, 1712-1721

84

POMBAL

a Gerardo de Mello Mourão

fez Deus um terremoto faço eu mais outro.
do que derriba, se as pedras não junta, ajunto-as eu
a meu modo: por igual toda a Baixa, a Igreja com o mais
parelha. e do Reino a tudo, régua compasso
e metro, mas metro sem da rima
o martelo e assim me canta o Uraguay

martelo buçal e bridão, pelo contrário,
são das Luzes o petrecho, mais grão pau
as molezas a mexer que do oiro fácil ficaram,
molícia já não bastasse dos que raiz dizem ter

dos feitos meus tantos, elejo (as sedas sem contar
com que vos visto) do Grão-Pará
melhor uso que o dita a boa razão
a res publica civil e pública padres poucos,
servis
Coimbra com experiência
e o silogismo a menor

de José, p'lo pouco feito
e o muito que fazer-me deixa, a estátua no Terreiro:
à frente minha própria efígie
a que alembrem quem mesmo obrou

tudo sabe Iluminado o Estado, e a tudo provê
o ministro que Deus próprio pôs.
bofé!,
pouco importa Mala grida
grite e os seus da igual roupeta – em coro calar-vos-ei
que só do silêncio ouço a música –, ou murmurem,
que adestro, os filhos d'algo, ao meu trote: se das Luzes
queima o raio, ou zurze só, Luzes sempre,
isso vos digo, a meu modo, – e aos mais,
polé!

A OUTRA FACE DO ILUMINISMO

AQVI FORÃO AS CAZAS ARAZADAS, E SALGADAS DE JOZÈ MASCARENHAS, EXAVTHORADO DAS HONRAS DE DVQUE DE AVEIRO, E OUTRAS E CONDEMNADO POR SENTENCA PROFERIJDA NA SVPREMA JVNTA DA JNCONFJDENCJA EM 12 DE JANEJRO 1759 JVSTJCADO COMO HVM DOS CHEFES DO BARBARO E EXECRANDO DESACATO QVE NA NOJTE DE 3 DESETEMBRO DE 1758 SE HAJVA COMMULLADO CONTRA A REAL, E SAGRADA PESSOA DE EL' RËI NOSSO SENHOR D JOZÈ I. NESTE TERRENO JNFAME SE NÃO PODERA EDJFICAR EMTEMPO ALGUM*

* marco de pedra em Belém, que memora a tentativa do regicídio

87

Viradeira virou virado
virado Viradeira virou
virou Viradeira virado
Viradeira sem varadouro
que o virado casco não vê
e só o varrido varre
e o vero virado não nunca
vere revira:

que aos trancos, o estanco,
Conselho o mesmo conselha
e a tudo provê Martinho
na nímia minúcia mínima

na Colônia,
cativo
ou forro,
que o ladino mais ladino, o mulato santeiro
o mestre do risco
do fino móvel feitor
do lundum violeiro

de encaixe a manufatura
com cavilha 'caixada
arrebitado o rebite
e o todo tão junto
que nem o Alvará não disjunta,
e sonso e esconso o caminho segue

inda se perca um Dente inda Dez e Sete
que já não volta o que tanto andou
e o sabe o sabido Príncipe
da Mãe-Louca, que reza e pasma,
a última que Carta alguma firmou

tudo perdi!, portulano da vã aventura
roeram-te as traças, e ao mar rojo o resto

nem a tudo, diz-me o mar ao pé do ouvido:
– guarda-te a memória vasta qual o orbe!, lê
do abissal registro donde se não desfaz a risca
lê e rejubila!

NOVO MUNDO

a cova. entramos, e a tralha
antropológica

o desenho à parede. os homens. e os gamos
em fuga, a fome. o fogo. a figurinha
empalada, outras de entorno: a confissão

a acumulação!, os chuços. o boomertang:
o lanço, o retorno, a mão impune. o dumping.
a patente, a regra técnica. o olho aceso da História,
o cego

o arco ciliar afora, a testa baixa a mandíbula
– ao espelho

QUETZALCOATL*

en los bandíos de la noche habita la Culebra.
es bicéfala, los tractos apartados
y las heces. doble su comida: el pecari el venado
al mismo tiempo. duerme enroscada

arruga las piedras el solsticio de verano,
tarda Tlaloc

gold ornament and hairdo
gold rings
bracelets necklace, green flowing feather
of quetzal – the priest,
his peroration: virgin and boy
no god abhors, no minister... IT RAINS NOW

* an un-glamourous version

94

a Carlos Augusto e Mary Santos Neves

Chilám,
entra en mi casa hongos hay narcóticos. duerme
y sueña, tu boca
en la abierta boca de la tierra: dime la profecía,
– ¿ mal agüero?

blanco muy blanco el algodón del cielo
agoniza el venado la lengua afuera
muere de sed

¿el algodón
por qué sucio no lo descosen los dioses
no lo golpea el dios del rayo?
Buitre-rey, al ardiente guacamayo del sol
arranca el ojo, contra los vientos
tenlo en el cerrado pico
vuela por detrás de la tierra.
con antorchas encendidas
por el tierno maíz vaga el celeste perro,
mal agüero mal agüero

¡¿y en el follaje
tranquilo duermes, espíritu del maíz?!

tú, dios colgado,
al codo al calcañal vainas llevas de cacao – oscuros ojos
los granos, amargos.
¿oyes crótalos? – Kak, fuego sobre tu piel pústulas
fuego en tus entrañas, diarrea.
enferma el agua muere el pez
yace la tortuga, lanza en la calabaza,
lienzo de hormigas sobre sus ojos. hormigas viajeras
parten, aovan en las arenas
abrasadas
vuela el muan abandona el árbol,
sequía sequía

vacío el cántaro de miel,
a los suicidas lleva la luna. cabeza abajo
sobre la tierra se arrojan los dioses. ¡agachado
el postrero – toca el tambor!

podrido el ojo del maíz,
y con la séptima luna llegan las langostas

el resto se perdió, los frijoles pardos
y los de media luna, la calabaza madura
al toque sonorosa de los dedos

el pecho seco de la madre, muere el niño. anduvo
el padre por el atajo sin grano

¡hambrientas langostas rubias!, no se van
ni las empujan los dioses

el hombre devora al otro, esconde los huesos.
uno colgado al otro grita y se le socorre,
o se calla

se quejan los nobles, y varean las chozas
por el impuesto

AMÉRICA*

por los huecos donde paren las ratas se van los dioses
de acá. nada llevan de propio, desnudos
se nos parecen. noche afuera marcha el moloso
y orina, todo le pertenece

por las veredas del dolor luce el oro. por ellas
el Adelantado cangrejo, sus tijeras de aceite mojadas.
píntelos Bosch en el vacío de un ojo – ¡así son los Austrias!

– ¡milpa mita mitad más de mitad
mi parte, y viva México!, el encomendero soy
yo
que Tierra y Cielo encomiendo

¿e d'agora,
e das casas de pasto e das estações de cura – estas islas rojas de lujo y gozo
en su metástasis – en frente al mismo mar
y erectas, quien lo sabe, de la misma y movediza
y ocre arena?

* pelo V Centenário do Descobrimento

MITA

mis flojos pantalones cortos a la rodilla
sin zapatos
capa de paño que sobre la espalda se abrocha
sombrero de paja

frijoles tortilla algún trozo de tasajo
el chile
pala y hacha a mi lado, – si me quiere el Repartidor
y alquila

en sueño dice el chilám – y no sé si me conforta –,
lo mismo por Alentejo hasta mil novecientos y tal

A LESTE DAS SERRAS DE QUITO

na trilha
por passo um tropeço – ao fragrante país da canela
morro abaixo roda a besta
do seixo rolado ao chão: vai-se petrecho e pólvora
fica o armeiro arreado;
ao manchego, tão longa, enrola-se à rama
tomba na brenha a alabarda, e sua
toda perde a fortuna;
espeque – do peito às costas –
a quem se cai no alçapão, avoam da noite os olhos
ao pasto já especado

na angústia da serra bate rijo a borduna
e falece o cavaleiro tal peão do pé descalço;
zune a azagaia, nem se vê donde vem;
sopra a zarabatana e da vida o barrilete fura
a quem bastava uma copa; retesa o curare
os nervos desfigura põe bruxedo:
trigueiro o de Aragão
branco de cera o andaluz, negro
o aço
que era branco sem sê-lo

padre, que os santos óleos guardais
e o óleo da extrema unção:
afrouxam os dias andam p'ra trás
e cresce a noite e não dorme
e nem a candeia se inflama neste abafo
quase chuva;
o alão, a vivandeira alarido são um só
que abre e fecha esta marcha;
– padre, que sois celebrante, dai-me o vinho
dai-me o pão!, – mas arruinou-se a farinha
e todo evapora o espírito

a querela
a suspeição do ganho inda não ganhado,
cobarde quem dá de rédea, suspeito o que se desgarra
e da traça tornou sem nova.
o inchaço do rio a marcha amolenta, a caça na toca os peixes ao
fundo;
a fome atravanca a vista faz a fez apetecida
e da canela nem cheiro, só o azedume da mata
que estagna e treme da febre

– os páramos, de Deus distantes?!

acalenta-me – esta folha – das lãs que não tenho, dá-me
de comer
da ração que não basta às mãos todas
que escavam.
sou a prata lavrada do Cerro do Potosí.
do Potosí vai-se a prata
fica a folha mascada no cascalho do chão

das corcovas da serra
ganho o mar donde me embarco
e sou a prata esfalfada pl'o istmo
que soldou o demo. Antilha afora
sou a prata afrontada, cheira a pólvora o derredor.
e empenhada esta prata dantes de a Sevilha ter

sou a viciosa prata, calada (dizem-me assim)
e sou lasciva, cunhada filigranada mui fino
na Gênova e na bávara obesa prima

sou a prata encarecida da coroa do Cristo
dos espinhos e das farpas no marfim do corpo seu,
do lunar que a Senhora pisa e sustêm os forçados anjos

em tal cópia sou chegada que muito já menos valho,
prata frustra desta frusta Casa d'Áustria

CARLOS V

las sanguijuelas chupan los pechos
a la cosa pública, las nalgas.
penetran las pudibundas partes. hambrientas,
no se caen

la hacienda sin sangre del Reyno,
– heridas linfáticas bajo el cinturón
ceñido a los huesos. la plata la lleva Carlos
adonde Castilla no cabe

hormiga, no es tu casa este monte
que el día todo excavas, las galerías descienden
hacia el umbral del infierno

no es tu casa la cueva
donde las pepitas escoges, adentro
la revuelta batea – ¡la batea
revuelta un día!

por la pampa
el toro alzado que de la mano abates: el riesgo
tuyo, no el cuero de valía

el cacao
por las tibias carreteras del agua
has de cogerlo de prisa: con el otro
concurre
que en Venezuela se planta, y coge
con poco alzarse la mano

ICONOGRAFIA LATINO-AMERICANA*

– assumpta est Maria
(há sempre quem recalcitra)

tamanho natural
a Virgem, mãos postas
– assumpta est Maria
tamanho natural
a Virgem, mansos olhos azuis
de exógena ovelha
– assumpta est Maria
tamanho natural
a Virgem, oca – o tampo
com as puas

assumpta est!

* aparelho de tortura hispano-americano na forma da Virgem Maria

BOLIVIA-PERÚ

duermo por los hielos del altiplano, también por las orillas del lago
tras las chozas. tal los hombres, duermo sin trabajo y despierto hora cualquiera

aprieta tus pies sobre mi vientre. aflora la piel no más
que servicio todo soy – el chuño sin jugo, negro así
por el óxido y la rabia amontonada

FALA DO PARAGUAI

Bolívia por má fortuna
e eu desde o berço, mediterrâneos

do Chile
por Mendoza e Tucumán ao Grão-Peru por serras
e rasos dei passo e mantimento, que baixo e fértil
e úmido sou

Potosí, pura prata,
tem-me da parda yuca, alva adentro, da yerba
o sorvo amargo, do milho garbanzo e grão, da forragem
à mula forra. – e de dar-te de comer, oh prata fria
inda tíbia, fiz-me teu verde umbigo

a jesuítica cidadela fui, que de mim as mais raiaram,
e tantas, não fora dos de São Paulo a caça
à plúmbea presa, no aprisco já pel'padre junta
e ensinada; depois
o Estado-às-Luzes, de todo o espaço seu
avaro só, de Inácio desmant'lando o resto,
e empobreci e fechei-me de fraqueza e de medo

minguou Potosí foi-se o Hispano Império
o pior começa: o Imperador que me mata, tão morto
já eu andava; y el otro, Tejedor de mis penas

don't cry for me, Argentina,
– por los tiempos llora en vez de sequía y desaire.
                            ¿la pampa
quién tan seca la puso?, ¿el desdoro,
sobre siglo de terciopelo y oro viejo?

¡mira, verdes prados
ganadores – por tu repensada mano!

a la cordillera desnuda miran los cóndores
– el ojo cristal y acero

no mueve lo que mueve o se arrastra
muy despacio

¿si bajásemos, plumados-hombres nosotros
y hermanos, penados no más,
iguales?

¡ah, nos distingue el pico!
y por quiebra-piedras nos ponen
a su servicio

el Poder es hipócrita,
vive por los tremedales

creó, dicen, las barcas de paja
de titicaca. hoy
por toda parte se las usa

a Sehón, rey de los amorreos,
le entró el aire por el cerebro. en las sesiones levita
del Consejo. menester
dos plomos – uno a cada pie.
aun padece de bubas como las gallinas.
hiede al sol. asiéntase en la penumbra,
es donde gobierna

se pregunta el pueblo por qué no lo quiso Dios,
siendo aquél Su electo. así mismo obedecen

À BYZANCE*

narthex en or en bleu et en blanc,
et la tribune et l 'abside, où siégent et Dieu
et l 'Empereur et l 'Église;
dans leur hiérarchie,
des enfants sans baptême gardant la descente aux limbes, les anges
ordinaires et, devant Marie,
á genoux l 'Archange de l 'Annonciation:

humaine sagesse à l 'humeur transcendante, éternelle métaphore
de l' Empire

* de l'iconographie du Pouvoir.

TÉTRARCHES / PEUPLE

en haut,
d'un trompe l'oeil à l'autre, mal mesuré le pas
sur le terne chemin,
tués les tétrarches par leur benjamin
ou cadet, ou vice-versa

en bas,
des canaux acharnés à la lisière
on sème et l'orge et le blé
et le seigle – à l'insoucieuse racine

EUROPA SEMPER

precata-te dos touros, Europa, dos mansos mesmo,
se de um só – o mais manhoso – entra-te o sêmen
oh pucela!, o orbe tragarás do Espério ao Ponto
e muito além, – da gula atroz de tal prenhez

with atomistic theories confronted
of Power
his occasional whig-wig undone
(to Donne's no solace),
Loch Ness – weed infested
now – for Latin America Leviathan left
for good!

donde los paquidermos habitan
que el aire truenan con sus patas
nace la blanda azucena,
y la lluvia lávala a punto
de la desmedida cagada de aquellos

– time,
as if so fast had thou not elapsed
blowing the seed from her high pinnacle
protected
to the ground, where God's heavy-weight pets
de los cifrados códigos hacen harina, y pan
mojado de su propia orina

ENGENHARIA GENÉTICA

ovovivíparo
o ovo: feito – o todo – inda na casca,
antes que o resto a mandíbula

comanda-o chip de lacrada caixa
à distância

a esteira das patas retrilha o chão
a milésimo. onde se aninha desova sem choco
– vestígio algum fica

depreendo,
o dejeto devora

IN THE DARK

things as they are, shut,
– no wit or purpose

memory's sole exercise,
a phanariot, the Scariot – what matters
if one cares not for the rhyme?

crimson glutinous red purple
and mauve to the scenario adhering: a wall
a patio. clock wise, a morality play
a pornographic picture, free association
for the epilogue

no alheio tecido
intestinal
gancha-se o platelminto

na vilosidade enrola-se,
em tempo segmenta-se
– nutrido

sua natureza
hermafrodita
e obliquamente achatada

oh helmet mine, leave me not. take me
with thee
to the marshland where the plodding gods drown'd
and retinue, – ashore their panache!

man-the-foreseer, his bid for excellence

the lake's lustre. manure: loquat
mandarine and bergamot, the agapantho
along trails of coarse gravel

the harvest, liquid growth. an era of pride
and contempt. urns of alabaster
for the argentarii. their bequest

thou
have me drown'd, helmet and armour

TO FIGHT

silent birds in V (a combat formation)

life protruding from shells bivalve;
a broken syntagma laying eggs
unformed, as a turtle in haste
(the yolk: no membrane),
her hexagons one cracking against the other
– for she is ready!

SELF-SERVICE

sul-amer'íncola
cão duro pelo
– spare ribs, how many,
out of your dimes
spare?

o paralelo relê do mapa-
mundi à parede
que abstrata linha
e reversível

DONORS AND PATRONS

oil

– crude, its sociability

the couple mid-sixties

lady in long, jewels not too many (one' s sober
old money) gentleman in tails, farseeing
both stand up or he alone does (no painter' s
choice).
hospital, main hall

a sustained high C!, oil sustains the note!
– patrons of the opera
name on the wall *aere perennius*

CHIROPRACTIC

over-fed waiting room
glaucomatous eye, three p.m.

plantation shutters
light upon the patients, ligaments severed

cric-crac of bones
South – the vague expectation for cure

INHERIT THE PRAIRIE

tras los álamos cortan las ráfagas de SE, polvorientas
asientan en esta margen

sobre costillas de piedra corre el agua
muy tendida, amodorra después. los callaos (como las muelas)
rombos y táctiles. ¡engaño!, todo es préstamo

los chinos, la otra manera: resfría la experiencia
pastosa, no quiebra el frasco.
ágiles – es todo una danza –, su marcha modula el tiempo
sin prisa. estruendos no se escuchan de esta marcha
de billón de hombres. calzan chinelas

EL MANGO

o

AMÉRICA MALA

pardos y negros lunares sobre tu piel
amarilla, ¡galas, no lutos! tierno
tal mujer adormida. y picante,
el "chutney", gringa a mi cuello
deshaciendo agravios

muy duro
el corazón: cerrado a quien lo toca

US BORDER

correu muito chegou por primeiro. perde o ônibus
(tinha passado)
torreira do sol, corre de volta chegou por primeiro.

o ônibus!,
sai por primeiro foi-se atrasando
ficou por último
pede um cigarro, jogaram. o cigarro pelo meio, golfou,
outra golfada, mais outra.

por segunda vez que vinha

the brave shall proceed
and the righteous, blush
and recoil
no wandering circle
now
no choice

the vulture alone
faces the sun, and gently preys

BANANA REPUBLICS

a flor suspensa
espera por isto que tanto tarda
– na prontidão de ser termina em ponta
calada – o céu baixo
baço, tateia a vista
roxa do baraço que a aperta, o hematoma
transita ao fruto

o fruto em fileiras, soldados em disfarce
por entre a verde polpa da folha, soldados sem soldo
só os move a vontade. a vontade amadura
optimiza o tempo. e contorce ao calor
este fruto,
então racha cai por terra, derruba a casca
a quem pisa. todo o fruto
serviçal. por isso
teme o corte antes do tempo. o espaço
alastra

inda prestante se preteia no pé,
banana de dinamite a quem te acenda o estopim

o noviciado do New Covenant

incircunciso (a faca dilatória
sem fio), ajunto sob a pele a cerosa massa da espera; a inflamação
a purga

o deus-migalha a sua retórica a trilha da toca, os olhos do mundo
na trilha da toca.
eu agora: o seixo ao alcance da mão o giro virtual
da funda o livro de bolso da real-politik, o espaço à frente
olhando-me adentro

poemas brasileiros

CLIVAGEM

Solutio argumentorum:

– Ad primum argumentum

– Ad secundum argumentum

– Ad tertium argumentum

– Ad quartum argumentum

– Ad quintum argumentum

– Ad sextum argumentum

– Ad septimum argumentum

  Obiectio verbosistarum

  Responsio

– Ad octavum argumentum

– Ad nonum argumentum

– Ad decimum argumentum

– Ad undecimum argumentum

– Ad duodecimum argumentum

– Ad decimum tercium argumentum

– Ad decimum quartum argumentum

– Ad decimum quintum argumentum

– Ad decimum sextum argumentum

– Ad decimum septimum argumentum

– Ad vultima <tria argumenta> verbositatis strepitum continentia

  Epilogus

  Conclusio

aqui del-Rei!

aqui del-Rei!

só compro o negro da canela fina!

SANTO DE ROCA

de u'as poucas fasquias – madeira de lei, ou mol –
em macho-e-fêmea a beira apara
a cada qual
e de um furo, tal o faças, lado a lado o pino passa
do macho à fêmea ou vice-versa
e o santo está! – dos vestidos da festa
só é vesti-lo

por el Recóncavo caña y tabaco se tocan

enrolla el negro a l' hoja marchita
fúmala sin fumar, así trabaja
y sofoca, la hoja la mortaja

al que flaquea dos remplazan:
más los tiene el *soba* – por aguardiente y tabaco

sou Schömberg, o indistinto, afora o pedrouço
do nome. chegado, o olho azul
tacha-se do castanho, e foi de certo este sol

tamanco nos alagados bota pela taboca,
toda cortiço da cobra;
a terra, sobre ser muita, já tem dono
a do plantio. por ela se vai de aviso, que tine o mato
à tocaia

na pedreira tal o cacto balança o fraco
à socapa, que fraco é não ter matilha
nem dEl-Rey a carta aquista
da data à testa do rio, capitão na parentela
o cono limpo e lampo da filha
Familiar do Santo Ofício, um seu da roupeta preta

hoje
o Chumbergas me chamo, aculturado
e calado

SETE POVOS

partiram os padres partiram todos a ferros

alastra o fogo na jeira na resteva assoleada
na língua do faxinal – que tudo é sopapo barro socado
no vão da madeira seca

arde Miguel arde do fogo aceso arde da ardência do arcanjo.
da linda os padrões apaga tisna de fumo as quinas
distrata a tratada raia

a Beatriz de Angulo

por las praderas del Cielo cabalga Tiaraju

de pequeño las letanías cantaba; lo que cantaba
– cantábalo todo en latín: ¿supiera
lo que decía, a quién tan lejos rogaba?

en la fe creció muy diestro
aún más en el bridón. muerto de viejo
o de cornada de toro, traerlo no fuera el Ángel
– el Caído –
del campo abierto hasta el cielo sin estrellas

los Pueblos,
hoy montes donde se pasea el puma:
entre dientes, ibéricas,
las dos coronas muy sucias

acende o sol à candeia da serra. água abaixo
faísca o mestiço, esbarranca o boçal

de través olha a noite, escuta
o suíxo adormido do riacho. é hora,
vai-se o ouro amontado vai-se a trote
beirando os limpos da mata. na borracha atada à cincha
mal se ouve que tilinta, – é meu cantil... reboja o papa-figo
nos longes; e se embarca. chega dantes
do quintado

Goyaz los ríos tiene encajados, Mato Grueso boquerones
se les va de soslayo el oro – al Meridiano hurtado

a palizada de piedra de geometría muy cierta
busca el Cuyabá sus orígenes: la cuna, raras pepitas
al Xaraes las regala. a tajar tal desperdicio
por la cañada se cogen, donde se puso capilla

el lago, miles de ríos que se buscan
por toda mitad de año. lo habitan canoeros son los otros caballeros,
mañosos en sus sortidas indios todos muy guapos

parte el blanco,
la diestra sobre el mosquete, a la siniestra la burra
de las no quintadas pepitas. tropieza el indio
por el cascajo tan suelto, carga el negro a su carga
y en la soledad se la quita

ALCÂNTARA

a José Manoel Frazão Mendes

dormem as ruas no assossego do seu santo
sabem-lhe o nome agitam-lhe a palma em festa,
e o martírio, que era a palma,
todo festa! e alva a pele deste santo
qual o branco, e a palma viridente o ano em fora

a rua da amargura sabe mais que as outras ruas; esconde-se do sol
e trilha à noite, as luzes apagadas à vidraça – e só este som que se arrasta
pelas pedras da calçada e tropeça, os tornozelos presos ao pesado
e rombo do sistema

MAL DAS BEXIGAS

remelam as águas ao olho morno do sol
na Belém do Grão-Pará,
e a pele confinada estoura deste mal
das bexigas

a cova rasa, a profunda do homem-bom (que é bom
o afazendado). tanta a gente – por espera –
que rasa a do homem rico, ao rés da terra
o peão

apoucam-se os remos apoucam as canoas da coleta e descem as outras vazias
tocam o sino às Mercês a que se vá todo o mal
e faz-se o jejum das carnes e dos bichos de casco, os avoantes
o peixe-boi (a que aleita) e, da fêmea do homem,
o filho do homem.
ao xamã da mestiça foge o branco, inda que é dia, e volta à noite – os corpos
um só, à luz chagada da aurora. ninguém veio vê-los.
ao convento e às casas acendem o lume
as lamparinas de óleo as velas de sebo as de cetina
e queimam-se os pecados neste fumo, os da carne por primeiro
e os do Senhor sem avença, e nem o mal se não vai

remelam as águas ao olho morno do sol, e todos
e cada qual no seu só, – na Belém do Grão-Pará

anos passados, fiava Marília longo fio
e desigual
que, desigual, o pensar seu ao fuso põe:
áspero o fio, e estranhado, a tudo apague
quanto fôra, e lavre Deus sem nenhum douro
outras lavras que não estas; frágil o fio, tão estirado, desfaça-se
passo além, e a mim desfaça de todo o espanto
que em mim tenho; ou forte o fio, tão resistente, do suor e sangue destas minas
entranhado, o mal ao bem reverta e torne em glória
o baraço
e da escarmenta a solta veste, que balouça e enfuna o vento
qual bandeira

MADRIGAL A UMA NEGRA

a branca é chocha e não tem o teu bodum
oh Chica!
a tua bunda as sete saias enfuna
qual duas morangas inchadas da chuva.
esconde a noite a tua pele
mas acho-te pelo cheiro oh Chica
ou pl'os dentes quando ris
que mais faíscam que as faíscas mais todas
do rio

d' ouro
na barroca borrasca do altar-mor
a Mãe nas galas, o Filho nu

o desertado Cristo
já corruto: torva a face que transtorna a dor
da humana parte, a carne mole
e pensa do madeiro

chora diamantes a Virgem-Mãe,
a dor rebrilha em festa nos festões da veste

tuas águas – apagadas!*

* Diamantina

ROCOCO

the seraphim's gold and sapphire sword
no drop, wrist so frail no confront
mantle *marroquin* boots the far-off bearings
of his breed

Heaven's lustre, Earth's

de mão pesada
e pé, Pedro*

tua lágrima como a baga
alembra a dos Retirantes
mais tarde

e num cubo quase cabes uns anos trezentos antes
dos mexicanos, franceses
Tarsila e Monteiro – oh santo da terra
cota!

* por Frei Agostinho da Piedade

A FREI CANECA

Caneca, ao reflexo das Luzes, tão claro,
a imagem não refratas ilusória, que reta é a linha
e se não quebra

com as turvas águas não toldas
que só do zelo as decantas, e a terra tão cálida que as sorveu
e se foram

por força da tua reza – e ouvia-se lá fora –
aqui ficaste. e do terço entre os dedos,
se as pedras tão poucas, alembra uma só
bastou a Davi

Pedro, o primeiro, ágil príncipe
à hora certa

Pedro, tão pálido,
do baronato – terratenente e trigueiro – o claro orgulho:

chamam-me filósofo e muito exulto, o meu *maintien*
lá fora, em douta vilegiatura, algum farelo colhendo
à culta imagem – imagem só – deste inculto
malsão e desigual Brasil

do tempo na apertada fivela,
o solar

os frutos, ocos, pelo chão – que adentro os picam
de arte certa as galinhas; os verdes em cada ramo
e os lampos, inda pensos

a cozinha degraus abaixo da ínfima escala de toda a casa: as compoteiras rasas e as terrinas as talhas
as vasilhas a loiça os vasos de espírito – foscos
do pó e do muito que se evaporou e perdeu,
o resíduo estante,
e da mofada luz das janelas que tudo falseia – sem mais o cheiro bom
a cravo a noz moscada a gengibre, e azinhavrado o cobre das candeias
e da espevitadeira: *que en verde color mi soledad se deshace*, como se o dissera Don Luís de Góngora
y Argote

a sala às escuras
no aparador, sobre as rendas de bilro,
o retrato: os pais, os avós – deles três, que um é findo – em contra os altos espaldares marchetados,
e mui tesos; por detrás a prole e a prole desta qual favo
na simetria afanosa da descendência
fundiária; toda em panos de fora,
casimiras tafetás a crinolina o gorgorão; colarinhos duros que afeiçoam os colos, os botões de lapela
os bandós grampeados, de ouro, marfim.
as tias casadas
as mal casadas, casadas: alta a gola e compressa; os meninos
à maruja, tão longe do mar e das cousas suas

e, se fornicaram? – pelos brejos
retrançados
com as negras as mulatas as cafuzas, barranqueando as éguas;
e o que se faz não confessa
cá nas Minas

estas águas só cascalham e mui pouco se faíscam
encolheram os rios e secaram, e o que tinham
escondem, e a terra hoje planta e cria por igual das peças d'África;
e de mais terra se carece, que fraqueja
a plantada

e os negros se foram, onde era o roçado
hoje verdeja o inço

amanhece.
as sombras retomam os cantos
uma a uma. no piano bato o lá³, a corda
rota e partido para sempre o tom

CAFÉ DO PARAÍBA

do morro exausto sou a fralda puída,
nada mais colho

tempo há sem semente,
recobre o terreiro de sílica.
o mal tilinta guizos avisa a praça,
ando só

ceva o rato procria traz a cobra
da jeira, fechado fuso gira o mocho
e na cumeeira assenta: cheira-lhe à caça a casa
afrontada, cheira-lhe o suor dos títulos meus
protestados

a Evaldo Cabral de Mello

CAFÉ CORTÊS

morno sacolejo. de Vassouras
ao beija-mão de Petrópolis puxo a cortina
e cochilo. fá-lo a Majestade, nós todos
cafeeiros sem viço

CAFÉ REPUBLICANO

instalo-me em São Paulo – barrete frígio
no Itu. ao colono
dou-lhe a coça, a tunda ao crioulo

BOTTLENECKS, OS HÁ

elástico ao infinito tal a santa sofia,
só o wishful thinking de quem muito tem
e mais quer!

ACORDOS DO CAFÉ
(São Paulo e os outros Estados)

da rubiácea, os rubis
inda colho. aos mais
a borra

SÃO PAULO-MINAS

no pátrio espaço certa sociabilidade:
café com leite *quantum satis*

A QUIMERA

outro jeito já não há: queime-se o super-
stock!, ah cheirinho gostoso
(*Storia non docet,* só incrimina)

TEMPO DE MAUÁ

o trapo de entremeio, cubo à cabeça, a fez
despejada ao mar de cada noite. e alimpo o cântaro bem limpo
da salmoura. aguadeiro
têm-me ao longe. por isso quer-me bem minha dona
chiam as águas por ali; torno à tarde: – quantas libras, sinhá,
aquele que sabe a noz? e quere-os inda mais cevados,
que se lhe dá!

sinhá sabe que o Brasil é bom,
os vizinhos não. mas a invernagem escapa-lhe
do Império de Pedro II, enxúndia em camadas, mantas amarelas
de sebo. o peso aumenta a rez afraca
afunda no tremedal prende a guampa no cipó
não sai do buraco

mandioca-brava mais rende que a mansa. a atafona emperra
e desanda. gasto o casco do boi. corrompe-se a farinha,
da mistura. o Brasil é bom

a cabeça calça botas faz amor com as esporas
mela a cama. bem maneja o bridão o laço
o entrelaço que mais terra enlaça

um gaúcho pensa inglês, mas vive da banda de cá

de lá
rateiam a régua toda a Terra. o fazer prefixo
de cada parte.
halo de mau hálito
cerca o Sul. o Sul sem o Cristo. inda hoje
é assim

– faísca!, abrasa a Ponta da Areia, dissolve solto o metal
e quebra. outra quebra. outra. os papéis voejam pelo chão sujam de pó.
palha-vã toda a casa, nem vela se acenda! mambembe

Joaquina do Pompéu dona mui façanhuda
outra igual nos Montes Claros, Beja
do cono d'ouro, Donana do Maranhão:
mista a progênie e apetecida da mulher
afazendada

de comum todas elas,
a senhorial posse da terra o eito sem eco
a escravaria – labor
e prestígio. disso, uma ociosa parte; e os agregados
os filhos da casa que sua mão arma ora desarma
aos ventos do local pleito

flertam com a Corte, umas lá chegam.
e qual distinção fora corpete e abalonada saia
entre virago e varão
– no suporte rural ao regime?

CICLO DA BORRACHA

as veias de fora – como a espinha do peixe –,
escorre o látex
pinga o tempo sem fim

a vida a pregão
por três anos de seca
arrebanhada, engaiolada rio acima

a consciência gomada ao fumo. a bola do látex
tem a textura da pele, tem os poros da pele, tem o peso
do homem

a trilha tirita de febre bate a hora,
depois pára. anda o látex além

RES PUBLICA

PATRES QUIRITES PATRES CONSCRIPTI PATRES PATRES
EU SOU DO BLOCO, PATRES ET QUIRITES, E DE CERTO
OH PATERCULE-PATRÃO-PAPÃO-PATÓGENO PEGO, E NA
CHALEIRA PEGO, QUIRITES – PATRES, PATRES – MATRES

CAPITÓLIO

gansos que não grasnem,
coniventes

BRASIL – 70

a medo vivo, a medo escrevo e falo,
hei medo do que falo só comigo,
mas inda a medo cuido, a medo calo.*

* Sá de Miranda

há pesos e medidas falsos
balanças sem tara
balancetes pro-forma
e subsídios pro-rata
entr' os 'xatores do Fisco

o cancerígeno ultravioleta
(como furam o ozônio
e do ultra-vermelho o perigo passou)
a poluição sonora do zunzum
dialético ou dialetal tão só
a polução noturna
que pinga no ázimo pão do vizinho

os zelotes sem zelo

a diarréia física, a metafísica

a malfeita diálise

CASTA GUERREIRA

da farinha de peixe aos alevinos cevo
e do óleo de um a outro unto escama a escama e já rebrilham, todo o crescer
um só

por fim
o cabaz ao mar inverto. faz igual o shogun

LITORES E QUESTORES

a Cláudio Torres da Silva

ando à paisana manejo a informação
classificada
o estouro da caixa, o grito
o estouro da outra caixa, de todas as caixas
– já não as há.
abro a caixa no quarto (o quarto escuro
sem cara) o pau-de-sebo fogo no rabo e ele solta,
mulher, na xereca
– apressa não. o pau-de-sebo é chuá!

o império caiu, SPQR pano de latrina.

os cães cara a cara, ou o cão no espelho
o pêlo ereto do lombo até o rabo
o focinho frio aquoso o focinho
sem ser parte. as presas de fora
o ronco do fundo dos peitos o ronco
mais forte que a força do cão, o custeio da imagem
a palmilha sob a pata.
a acareação dos cães, o mesmo que a fala de um só
a verdade do cão nem por isso a mentira:
as categorias do cão o pensar esquemático o semafórico o zelo seu
pelo diapositivo a cores, seta / direção / apito

– a sutura, o devir nacional
          o dever cumprido

el lenga-lenga de los dioses su voz meliflua
engañosa. el derrame de bilis amarillea la piel,
la disfraza el ungüento que prestan los monos. de eso
el fuerte olor

la sociabilidad de los dioses y de los monos,
– se les dan los restos de ambrosia (piojos por todo Olimpo)

a los oráculos enseñan los dioses
la retórica, arte del doble senso. imitan los monos

habitan el trópico húmedo
¡llueve mucho! uno, después otro,
aprieta entre los dientes la cuerda
rota. rompe la cuerda. se van agua abajo

la nueva generación
ya lista

RELÓGIO D'ÁGUA

calou-se a Pítia: o adro vazio de Delfos
já inçando. o antigo relógio d' água, sobre sempre atrasado,
entupiu

mutações nos símios:
perda do imitativo (incomum
na espécie)
estrelas sem reflexo
e octopus da fraca tinta,
sem prestação à escrita

flagelados na contracorrente
(supposed to be)
doutores na contracultura
(supposed as well)

graxos
saponificados sapos no arquejo do gozo,
do paul em volta que satura
e vaza gota a gota, supérfluo relógio
deste Tempo – que desanda

mulher que não pensa, – sem susto do insulto cardíaco
vive no alcouce sem janela ou porta. respira
pelo respiro do chão. quanto não se entra ou sai, anda sem clientela

telha-vã o teto. desvão, luminescência
sobre o par das tetas – área de excelência que noite em fora afaga

manual manuseio, nem prazeroso

OFÍCIO DO ARÚSPICE

ou

ARAUTO DA ÁREA ECONÔMICA

um fio coagula
outro fio coagula
infectos cogumelos espocam: dez
dez vezes dez, inda mais

dies nefas, conclui
– mas não diz

ÁGUAS-EMENDADAS

águas que desatam
não no literário edênico,
ícone daquilo que nunca deveras houve,
mas no endêmico chão sem lua
onde a tudo abafa a estufa
– e retroaquece –
da matéria que degrada

águas que divagam
na auto-estima: tchapt tchapt
tchapt! – não, não lhe toques,
ao luzido espelho do lago!
águas remendadas, por isso imotas,
na crux geodésica e política do país:
danação do treslido Fausto!
– his flight missed to Chicago
ficando-lhe só o ranço da metafísica alemã,
fede à Carta da ONU.
e viva a práxis punctual
– nossa congenial –
que tudo caso a caso se resolve
nas duas casas, vivat!

pimienta (en grano) y maíz, todo lo que consume

a las piernas se les arranca la pluma. emplasto de harina
y aguardiente: ejercicio de dolor, y fortaleza
lienzo de fuego sobre los ojos aún sea noche de niebla, uñas de acero
refuerzan las verdaderas

todo listo: uno muere, o los dos

o cão predominante o chefe da matilha,
a sua legítima

o cheiro do cão abatido o chão batido
do butim sem linha de fuga a foto desfocada
o erro da paralaxe. fecho de segurança prende as fezes ao cão

a Beatriz de Angulo

a leveza da mão
seu virtual espaço,
o performático: o mover dos dedos
um por vez aos pares
todos juntos. a mão desenha o pássaro – à soga
na memória

hand's grip: o pássaro
opresso as penas ao chão
– o penado grito! (não no ouvem as outras aves,
ao choco
sobre os próprios gravetos)

a detenção dos dedos,
a ave muda

IDADE DE FERRO

e baixou a manopla, e tesa
e untada de novo e conhecendo os caminhos
e os dedos esmagando aos homens da fé, as palmas
porejadas do sebo da sem-serventia

o ferro já não fala, assenhoreado.
com o oxigênio combina-se dos altos,
apressa a ferrugem. a ferrugem anda só
basta o começo

de fundo, a melosa música
de um blue. à chamada: –here!, –here!,
–here!
(nobody's missing)

fraqueja o ferro, puro pó: da cor do agave
só da cor, sem a fibra natural da trança

ELEPHANTS' CEMETERY

a dead specimen. a large one. of an accident
no evidence
voluminous limbs putrefaction,
ivory
taken away

firmament
infirmus
black-stars-spangled: no message

a Samuel Pinheiro Guimarães Neto

for Chicago – Chicago schooling –
bound your ship – through the St. Lawrence
deep water canal: scholia averting, my boy
wise

near the píer
the School – prompt evacuation
to ensure.
your dissertation, I heard, fairly advanced
less in points
where confrontation be: a lessor a lessee,
upon a fee

the trip
– no trap? – way back: ubiquitous not
your paper? – the Equator emollient

oscura sigue la noche
llena de incertidumbre

con la niebla confundidos
por la calle se van los perros
vueltos sobre sus patas
el mismo sendero marchan

de ceniza los hombres
éstos:
por límite, angosta línea
– por poco la rompiera el viento –,
por límite la luz del alba
– por poco surgiera el día

LIÇÃO DE TODOS

o mel tresandado
por entre as estalactites da cera. o fumo tisnando o teto a tosse seca
presa ao palato. o pano sujo do cansaço. a árvore dos pães
roída de broca

o passo adiante do ladrido, o faro
do cão de fora: o mel *in vitro,* o genoma sob patente.
o código da besta a dentada o fecho prognata,
sem soltura

a cera, o molde da mandíbula: o tam-tam
pela floresta

a ciranda estival das abelhas a ferroada, o ganido do cão
de volta

a cera exata do hexágono, o favo
cheio do mel e crasso e muito fino da florada

a morte anônima
do anônimo

convida a viúva, e cada filho
boca a boca, sem letra sem o cheiro da tinta fresca
do periódico. convite, a do homem público,
a de-quem-tem, delatam-no as firmas as sociedades donde parte,
parte e não parte, fica o espólio
busca-o a malha fina do Fisco, a sobrevida
atada ao nome

o anônimo, Jesuíno por ressalva, a cruz de pau a terra fresca a quase turfa
do alagado. saponifica

o caranguejo revira o outro
dá-lhe nó
redu-lo ao bater aéreo das patas

desvira!, o tric-trac das pinças
acareadas a carga das carapaças
no vão do prumo

o nó cego. a marcha retrógrada das tantas pernas
a bordadura na areia sob o olhar oportunista dos pares, – o globo
nesta espécie desorbita. o chefe-de-fila da escola:
a remela nasal do saber a melena o discurso cheio de caspa,
– a impostura!

o espaço desamparado ao vento do alto-mar, a carcaça
a outra
– o vôo carniceiro da gaivota escua

partida de perto – vejo-lhe o montante arco,
não os dedos formidáveis do disparo –,
a frecha imprevista fere o sudário do céu
fá-lo em trapos pelo chão

pano branco lavado de pouco – pobre
como o grosso algodão do pobre – traz escrito qualquer coisa
balouça ao vento foge-me a letra
do letreiro, não por ora da esperança

o desapossado come e defeca. colide
com o campo visual do passante, com o olfativo.
singulariza-se. solto – tudo e nada é seu. passa,
só fica o registro

recuperação reeducação reinserção, do glossário oficial do "re" – roxo
de rotacismo e porrete!, o "re" marginal da reificação, da coisa nenhuma!

por que não, estilhaço re-vide re-taliação,
ou re-construção de tudo pedra por pedra, o espaço eqüitativo
as paredes caiadas de branco sem os muros de caco de vidro?

MERCADO DE TRABALHO

Mat 20.2 And when he had agreed with
the labourers for a penny a day, he sent
them into his vineyard.

3 And he went out about the third hour,
saw others standing idle in the market-
place,

4.   And said unto them;Go you also into the vineyard, and whatsoever is right
I will give you.   And they went their
way.

5.   Again he went out about the sixth
and ninth hour, and did likewise.

6.   And about the eleventh hour he
went out and found others standing
idle, and saith unto them, 'Why stand
ye here all the day idle?

7.   They say unto him, Because no
man hath hired us.   He saith unto
them, Go ye also into the vineyard;
and whatsoever is right, that shall ye
receive.

o grão mirrado longe um do outro
o avatar do grão sem pedigree – a mal feita dentição

o grão salteado desperdiçando sabugo
o grão só,
roído da broca; o cheiro a chulé (do grão doente)
o amarelo chocho do grão sem sustância. a gente aqui

HOMEM DE ALUGUEL

carniça. à rês tão mansa,
ferroou-lhe o quarto a espora acesa do sol, vem a mosca

o grão encruado
correm os ratos na palha, faz estrondo por tão seca

o ouro latente da espiga debulhará com as chuvas.
aluga teu braço, e espera

SOBREVIVÊNCIA

estradas
que fogem às terras mortas
        incultas
        mal postas. o aulido do cão que fareja
        e anda em volta. só ele fica

emprenham as barrentas águas, regurgita a pele suja
e satisfeita: os mangues respiram
        marejados de plâncton
        mourejados
        condominiados
dos caranguejos e dos homens

o bracejar sem avanço
no confronto com as águas vivas;
– ao refluxo, a fadiga dos pés
entre os habitados respiros
da lama

corpo de acúleos, cerosa capa que não transpira
nem o látego sente do sol nem o látego que é látego
nem a dupla sola da bota que contunde,

e as palmas e os pés me prega ao madeiro cruzado da seca,
raiz profunda do meu ser
materna teta donde sugo o amargo xarope do sustento

a bota geometriza o chão a cada passo
tatuando-lhe a estrela do projeto
imprime o ethos
a natureza de quem a calça. trata
da práxis. não fala
range apenas, marcando inequivocamente
a sua presença. legitima-se no próprio estar

o pé descalço é flexível
democrático, recoberto da pele
protege-se das asperezas da terra
e guarda um resíduo moral num tanto de umidade.
um pé com o outro faz par, bípede o usuário. bípede,
enfrenta sem descanso sutis questões de equilíbrio

tato plantal
das solas finas: ciência da juventude
que se esgota

recolhe a planta do pé
a telúrica natureza das cousas,
a carga elétrica que do chão sobe
e irradia pelo corpo
balizando o perigo e o prazer
(como os bigodes do gato)
banalizando-os, em excesso

mas descompassam neurônio e pé
pela hipersensibilidade da pele
e muito se perde, improcessado,
na lixeira do aparato

quadras do Sul

arrenegado
o padre da serra do Haedo, o que à donzela fez furto

de joelhos
tal quem reza, de orelha a orelha o talho
a língua feito gravata

o redomão que ele amonta
das patas ia sarjando o farinheiro todo branco das estrelas
e o espanto se apaga e as estrelas se alimpam,
e foi da reza da moça com a cria agarrada ao colo

SUR

al servicio de Don Pancho
pelean sus agregados del Yaceguá
a Bagé, o al contrario,
y el ganado lo pasan en busca del mejor precio

Don Pancho – a que le vean tan guapo – la niñita deflora
después la regala a los suyos

domingo
por los umbuyes (bajo el chiripá
un cuchillo) con la chinoca se baila,
que dueño nadie lo tiene en la frontera sin dueño

Dona Maria*
rodou do cavalo e da boniteza que fora
– queda feia, trava-lhe os quartos.

do avarandado da casa,
– sem mais vê-lo – comanda o seu mesmo espaço

hemiplegia / alor do espírito:
a linguagem do grão da rez do fruto
da ceifa (que ela aceita)
afinamento.
e ganha a pouco e pouco o sossego – que em jovem
a suspicácia furtara – de herdeira da sesmaria

* das bandas do Ibicuí

HIDROLOGIA

bem ao meio vazada
tem a forma do estilingue a Ilha do Chico Inglês
tem a forma e não atira, que se vão de vazante as águas

foi-se toda a cabotagem nos dedos do Vi-a-Mão
que des' hoje sacoleja roda a carga no asfalto

asfalto o rio que não anda, anda de cima
andado, ataúde – puro pez – deste rio qu'inda corre,
o mal-me-serve sem ser

e o rabo-de-palha roçava pelo ar a palha seca do seu canto
e eram dois e três e tantos a cantar o grão maduro da resteva – o que resta pelo chão
e da palha da colheita e do grão do replantio. e o bando alevanta o alarido, gozo e medo
ao quanto muda

poemas do Rio

RIO DE JANEIRO – 1900

À L' ÉCOLE: *Et maintenant, mes enfants, nommez par coeur tous les Départements de France!*

1. Nord
2. Pas-de-Calais
3. Somme
4. Seine-Inférieure
5. Oise
6. Aisne
7. Ardennes
8. Marne
9. Seine-et-Marne
10. Seine-et-Oise
11. Seine
12. Eure
13. Calvados
14. Manche
15. Orne
16. Eure-et-Loir
17. Loiret
18. Yonne
19. Aube
20. Meuse
21. Meurthe-et-Moselle
22. Vosges
23. Haute-Marne
24. Haute-Saône
25. Côte-d'Or
26. Nièvre
27. Cher
28. Loir-et-Cher
29. Sarthe
30. Mayenne
31. Ille-et-Vilaine
32. Côtes-du-Nord
33. Finistère
34. Morbihan
35. Loire-inférieure
36. Maine-et-Loire
37. Indre-et-Loire
38. Indre
39. Allier
40. Saône-et-Loire
41. Jura
42. Doubs
43. Haute-Savoie
44. Savoie
45. Ain
46. Rhône
47. Loire
48. Haute-Loire
49. Puy-de-Dôme
50. Creuse
51. Haute-Vienne
52. Deux-Sèvres
53. Vienne
54. Vendée
55. Charente-inférieure
56. Charente
57. Dordogne
58. Corrèze
59. Cantal
60. Lozère
61. Ardèche
62. Isère
63. Drôme
64. Hautes-Alpes
65. Basses-Alpes
66. Alpes-Maritimes
67. Var
68. Bouches-du-Rhône
69. Vaucluse
70. Gard
71. Hérault
72. Tarn
73. Aveyron
74. Lot
75. Tarn-et-Garonne
76. Lot-et-Garonne
77. Gironde
78. Landes
79. Basses-Pyrénées
80. Gers
81. Hautes-Pyrénées
82. Haute-Garonne
83. Ariège
84. Aude
85. Pyrénées-Orientales
86. Corse

HIGHWAY NO CENTRO DO RIO

o highway escalavra o chão
no curso empoeirado da obra

todo cinza desbota o céu,
terminado

amesquinha o Montigny, o telhado
escarradeira. suja a mulher desnuda
que atenta a fé na Candelária

e amassa o passado
derrubou o Mercado Velho, solto ali o Albamar
divide o Judiciário – isso é grave –
achata o Paço e a Fonte de Dona Maria
a-da-Deleitosa-Loucura. fê-la Valentim,
o Mestre, que ao Mar zurra de raiva: VOLTA!

PERÍCIA

desgaste da máquina. descuido da almotolia
que pinga pelo assoalho. civil convívio com a ferrugem,
emperra

assim se foi Don' Ana de Eustáquio,
de improviso (soube-se depois repentista)

perícia. o braseiro
apagado, a cinza pelos cantos
resíduos de feltro (os chapéus) marfim (de um leque)
sedas cor-de-rosa fuchsia e lilas (as trunfas
até '40) luvas castanhas, pelica
o carnê de baile as folhas rasgadas
– e cartas muitas cartas
ao lume, inda cheiram a benjoim e alfazema

óbito, reza o laudo,
natural

SÃO JOÃO BATISTA

a calçada na canícula da tarde
segue o muro do cemitério. ando a pé
rente ao muro, sorte de *hot pursuit*

a cidade expande, o cemitério não. confinado.
os mortos se superpõem, engavetam-se ao fundo
contra o morro. o morro habitado,
morada dos vivos. todos dissoram

gerações de mortos.
– quantos haverá por metro cúbico
ideal de chão?, ideal: muitos já dali se foram,
moídos calcinados – o espaço
inelástico. ou vaporizam
à luz suarenta de um fim de tarde
como esta

"o primeiro cemitério vertical
do Rio de Janeiro. e o único
com qualidade de vida"

o chão cinza. a gente cinza do chão a gente
ao rés do chão rente aos carros ao nada. não se mexe
fica onde está, a rua é que passa. – o cheiro
como a bolha: um sai outro se põe debaixo.
a cidade de todos os cantos. e cada canto
um canto plangente plangente

o Rio festeja a cúpula se engalana
limpa o túnel dá sumiço na gente (papuda)
depois devolve (papuda)
o bate-bola o drible o negaceio da bola,
da vida. a faixa tricolor, a outra (cheia da mágoa). o dromedário – suba de táxi
desça com cuidado, gorgeta. a cola, Pensacola: cheguei no Primeiro Mundo!,
não chego?, – knock out!

o Cristo encoberto efeito estufa o Cristo de frente, também
de costas; o Rio que não deu certo – que tamanho
o lado errado do Rio? o dominó do poder, o show – ilumina-o e paga
o poder público, o poder público elege o lúdico. todos gingam

RIO

mountains collapsing in the night
overloaded. the high pitched sound of tin,
the high pitched cry of children
stings

mud
the mound of institutional lies

funk crak estupro

tênis de griffe
bermuda, a polpa à mostra

o vapor
o gerente liberando o preto
                    e o branco
o fogueteiro lá fora

pum pá pum
pá pá, pá pá pum: tô chapado

se avexava o morro do ser aí
ser com os outros, o amargo da existência na goela
de cada dia, ler alemão não carece nem a filosofia
o parafuso engripa, não sai

o estamento gere o alheio pensando no seu
faz como foi, o mato verdinho de volta na Lagoa, o peão afora
isso sim. isto não!, voto tem preço, pão e circo
mais circo. o jogo fede, a gente fica!

o morro sem ciência da força. hoje não, convive
colide. tem seu PIB, larga o foguete anuncia o ilícito. capitaliza
terceiriza globaliza. é parte. há quem lhe pague a gabela (pergunta
com jeito). também ele paga, mata arremata é morto. o trato
o retrato a conta, confere-a, as partidas dobradas ao modo antigo
o confeito a arte de confeitar a voz macia do candidato o toma-lá-dá-cá
fechado o negócio, inda não. pós e empós. desforço. distrato. retruco,
eu que faço!

CINELÂNDIA, ANDANDO EM TORNO

quanta saudade
neste gargalo apertado da memória

a cinelândia sem porno. o municipal
em função. o monroe eclético,
e daí? cãozinho à coleira, a gorda
sacodindo a mantissa no sol
a galeria central, também eclética
(inda hoje
só se olha do lado de lá: a Jell-O, please!)
o bonde sem pressa
sem medo da contra-mão a gente sem pressa, o roçar da coxa
ela diz nada

já não me lembra o nome: o espaço
adentro, os avarandados até o teto o passadiço em volta
panos de cor no parapeito. o crepe, minha avó.
eu também. a clarabóia filtra a luz, alumia o tempo esquecido.
penso à clarabóia o pêndulo de Foucault. dá na bunda de alguém.
não deu. sai a mulher num halo de pó
o pêndulo nem foi aqui! minha avó pede retrós tafetá,
corte enfestado. o corte não se corta, pico da tesoura
e rasga no estirão (parece a vida). o fulcro juvenil
da estória. da estrofe. transversal à rio branco, hoje
um banco

a beira-mar, onde morava bandeira
sem susto.
o instituto nacional do livro – o livro novo
em cima do velho (a edição crítica). o homem novo
em cima do velho.
a zanga do Rio, desceu do pódio, não foi só isso
a civilização brasileira fecha para balanço
placa à porta, se arrasta, os anos calados. o homem novo
debaixo do velho

COPACABANA

a noite de bunda de fora (não que defeque)
a outra aferrolhada em casa, mais outra pelo chão. esta
defeca no passeio, como defecam os cães.
os pertences na pochete o prazer baseado
acima do entrepernas é só correr o zíper da saia,
o da pochete. gringo gosta assim a gente também

a noite empalada, a calota amarela da lua:
a cara de pau do ventríloquo voz
oca nariz de cera. o *twitter* no ouvido, a noite
cravada no cubo todo liso da amargura – cada lado
faz do igual; a paixão do Cristo na mão curtida do pobre
no pé perebento do pobre, então do José
que trouxe o Graal, um qualquer do lava-pés.
a noite sem pé-direito cota zero:
o medo tem três milhas de areia

manhã. a velhice cantando mantras na praia
entre o alarido dos carros e o dejeto do esgoto. inda assim
faz-lhes bem e ficam por ali, o mar de vista cansada
tateando a borda quebradiça do horizonte

História e Estória em Milton Torres
(Hipótese de Leitura)

No *Fim das Terras* começa na tumba de Gil Vicente e termina em Copacabana. Entre uma coisa e outra, instaura-se denso jogo com a linguagem. Com efeito, o livro de Milton Torres resulta de um repertório de linguagem ou, quem sabe, da linguagem do repertório. Trata-se de uma das mais extraordinárias experiências com o discurso épico na recente poesia brasileira. Por estranha alquimia da arte pós-moderna, sendo épica, a poesia de Milton Torres converte-se toda em artesanato lírico, em poderosa montagem de discursos, em que a voz inquiridora assume a condição de ordenadora do caos da Babel dos tempos atuais. Ao se apropriar do epitáfio de Gil Vicente para começar seu livro, o poeta dá a pista para a leitura: seu corpo da obra é o domínio da linguagem, da experiência com as formas, com os discursos, com as culturas e com a história. Aliás, a história se impõe, aqui, como o registro dos historiadores, no sentido de se revelar na imanência da idéia de narrativa: os fatos só interessam quando se convertem em fato lingüístico. Os fatos são linguagem; a linguagem são os fatos. Por isso, entre o fim (encenação de um monólogo interior à beira do mar de Copacabana) e o começo (lápide do grande dramaturgo que vê na morte pessoal motivo de poesia coletiva), Milton Torres condensa e espalha o resultado de sua larga experiência com os vários discursos da tradição poética e historiográfica. No corpo deste livro, nas veias destes versos só entram o convívio denso com a solidão das embaixadas, a apenas parcial integração social com os países longínquos, o confinamento das estranhas línguas em que se comunica a solidária paixão de, só, ter, um após outro, muitos livros às mãos.

No Fim das Terras não é poesia que resulte de desejo expressivo ou de ânsia psicológica. Decorre de projeto, de longa e consciente elaboração de um projeto, posto à prova somente na madura idade, depois de viagens, de estudos, de leituras, de línguas e de culturas várias. Assim, trata-se de livro em que o repertório cultural se funde com o repertório existencial, terreno em que tudo se converte em dado de consciência e conceito. A poesia de *No Fim das Terras*, portanto, não é apenas o testemunho estético de um grande leitor e arquiteto da linguagem, mas também o legado de uma existência inteiramente dedicada ao estudo e às leituras, ao convívio e às traduções, à chegada e às partidas. Talvez essa pudesse ser uma explicação semiótica para a redação de poemas em português arcaico, em português descontraído, em português solene, em português chulo, em português lírico e em português épico. A história da língua se condensa na fatura desse livro. Mas, se, assim como os homens, as línguas não vivem isoladamente, a aventura do livro não poderia se restringir ao código da língua materna. Deveria, como de fato ocorreu, consubstanciar-se em outros idiomas, em outros códigos.

Vem daí que *O Fim das Terras* contém, como se vê, poemas em espanhol, em inglês e em francês. Terras por onde o diplomata se enraizou, de onde extraiu o sumo da inquietação artística: vivência do código, luta com a ética de outros idiomas. Essa é a grande marca do livro, sem ser exibicionista, exibe um modo específico de exposição do percurso existencial do indivíduo, aquele que, evitando a confissão ou o registro pitoresco dos lugares, procura substituir um e outro pela captação dos repertórios dos vários lugares por onde e onde o poeta andou e existiu. Eis-me aqui, dirá o livro, convertido em livro de memórias, em livro de viagens, em diário, em relato de experiência. Sem ser nada disso, a obra pode ser tudo isso, pois, diante da necessidade da invenção artística, as linhas divisórias dos gêneros se dissolvem, como por sortilégio da transgressão consciente dos limites.

Como todo texto épico, há uma viagem em *No Fim das Terras*. Mas não seria uma viagem de percurso fácil aos sentidos da leitura. Ao contrário, trata-se de viagem metafórica e, por isso mesmo, mais densa. O livro inicia-se nas línguas da Idade Média peninsular, demorando-se em quadros da história lusitana, da qual se exumam textos, hierarquias e outros símbolos da austera formação do idioma e de seus valores de casta e de expressão. Montagem, paródia e ironia fundem-se na apropriação moderna do passado distante. No centro do livro, aporta-se às brasílicas terras da América, onde sobrevém a vida com o idioma francês e com o inglês. Então, os poemas – chamados brasileiros, mas também escritos na língua de Racine e de Shakespeare – vão se justapondo na tarefa de compor o sentido da longa viagem rumo ao presente. Não por acaso, o primeiro poema da série funda-se na reiteração cumulativa de fórmulas do aristotelismo escolástico dos jesuítas, empenhados na ocupação do solo e das almas. Depois, a viagem segue lenta por meio da restauração de prismas da vida econômica da Colônia, processo em que a voz poética tinge de humor perverso e amargo a visão da história como discurso de se pegar e recompor, reconstruir e reescrever. Aí é que se define a verdadeira vocação do livro: revisitação do passado, reinvenção de sua viagem rumo ao presente.

Evidentemente, o sopro épico de *No Fim das Terras* acha-se revigorado pelas transformações literárias ocorridas depois do Renascimento. Como se sabe, não seria, por exemplo, razoável esperar que Basílio da Gama, na segunda metade do século XVIII, observasse o modelo tradicional da epopéia camoniana. Da mesma forma, editando no começo do século XXI, Milton Torres mostra-se sensível à mutação das formas e à alteração dos gêneros. Assim, sua experiência marcar-se-á antes pela manutenção de um certo espírito dos grandes poemas do que pela preservação de sua inteira configuração tradicional.

O poeta opera por captação prismática do discurso histórico do Brasil, sem jamais esquecer de sua incrustação na América Latina e de suas conexões com a Península Ibérica. Quando a viagem do livro encontra as terras brasílicas, o lirismo das cenas épicas aquece-se com a reconstrução anímica de pequenos episódios que compõe a generalidade do todo, em que não falta o toque delicado da verdadeira sensibilidade artística diante do pormenor expressivo. Restauram-se, assim, inúmeras unidades semânticas da tradição mítica do Brasil, como o belíssimo quadro em que a personagem Marília se enreda no fio da lenda a costurar o próprio vestido inconsútil (p. 145). O poema produz o efeito de desencanto não só lírico, mas também social, pois do vestido inconcluso da personagem esvoaça-se uma bandeira sem pátria, como a sugerir a frustração dos ideais da inconfidência. Ao lado dessa branca peça do imaginário popular, impõe-se outra, de mais impressiva memória: o escuro perfil de Chica da Silva, representada em fortes traços expressionistas (p. 146).

A justaposição desses quadros possui invulgar eloqüência poética, pois revela a capacidade de recolocar questões esmaecidas no tecido da história brasileira, qual seja a presença da veia negra como decisão absoluta no sangue da cultura mestiça que então se enraizava no Brasil. Esse díptico deverá chamar a atenção dos leitores (presentes e futuros), não só pela escolha de matérias específicas do passado colonial, como também – e sobretudo – pela delicadeza da construção lingüística desses retratos femininos. Serão convincentes emblemas dos costumes e das chagas da história européia na América. Neles, o poeta justapõe a suave figura branca, que se esvai no fio inconsútil do idealismo, ao forte momento negro, que se impõe pelo realismo dos traços fecundantes. Por meio desses retratos, a voz poética insinua as (possíveis) matrizes apolínea e dionisíaca na formação do país, deixando ver que, em arte, a eficácia do todo depende da sabedoria das partes. Colocados no meio do livro, esses poemas relacionam-se com os redondilhos de Gil Vicente (início) e com a interioridade do monólogo no calçadão de Copacabana (final). Esses serão possíveis momentos estruturadores de uma leitura verossímil do livro de Milton Torres. Em termos críticos, tais pontos estruturais de significação poderiam se organizar da seguinte maneira: insinuação das raízes do idioma humanizado pela vivência artística, que, com ele, se expande para o mundo (abertura); registro da aclimatação da língua, que, transposta ao continente americano, ressurge, cinco séculos depois, no cosmopolitismo intimista da observação social em Copacabana (conclusão); esboço sensível de faces contrapostas da mulher, entendida como geratriz do sentido da história do povo, pois ambas, cada um a seu modo, rompem com a esterilidade do ouro no momento de suas vidas (meio).

A mesma astúcia de construir por meio da justaposição de elementos contrapostos projeta-se em outro poema, cujo primeiro verso é "a bota geometriza o chão a cada passo" (p. 192). Como aquele admirável díptico de mulheres arquetípicas do passado colonial, este par de estrofes dilata-se para além dos limites de sua breve geografia. Virá de Cabral a lição? De onde quer que venha, sobreleva aqui o processo metonímico, em que *bota* e *pé descalço* simbolizam a condição social e existencial do homem no presente. Se Marília e Chica da Silva representam aspectos literários e étnicos da constituição de uma certa idéia de Brasil, este poema contribui com nuanças de outros contrastes, que tanto podem conter a significação de riqueza e pobreza, de opressão e submissão, quanto a de vilania e heroísmo, de aprisionamento à própria condição (cultura do domínio) e de invenção da liberdade (natureza sem domínio).

A parte denominada "Poemas Brasileiros" não será, talvez, menos européia do que as demais unidades de *No Fim das Terras*. Todavia, aqui, às matrizes arianas da história da América colonial adicionam-se acidentes que produzem o efeito de essências regionais da cultura. O poeta opera com estruturas da história do povo, mas não deixa de ver nelas as folhas e as fibras que semantizam a impessoalidade dos processos. Consiste nisso, por certo, um dos predicados épicos deste livro tão variado em sua construção. O milagre poético operado nesses três poemas não se limita a eles e, muito menos, ao universo lendário de seus confins regionais. As tópicas, que desconstroem o passado e edificam o discurso poético do presente (com vistas ao futuro), estendem-se de norte a sul, dando conta da presença da história européia tanto Maranhão quanto no Rio Grande do Sul. Na elaborada forma da mão lenta dessa reconstrução mito-poética, o poliedro das situações da colonização do país vai girando ao sabor de cintilações fortes do sopro do escritor. De cena em cena, chega-se à independência do Brasil, à industrialização e aos tempos republicanos. Tudo é muito elaborado nesse trabalho de sugerir o todo por meio das partes. Trata-se de lenta operação de escolha, de escavação e de arqueologia verbal, pois à ciência das tópicas Milton Torres justapõe seu raro domínio sobre a língua poética.

O que seria da epopéia se não fosse a particularidade das línguas? Como se sabe, a permanência do canto de um povo depende do milagre de uns poucos. Não se trata propriamente de elevação da linguagem, tal como se observa no poema heróico da tradição. Trata-se, ao contrário, de saber captar os avessos da língua e extrair dela verdadeiros momentos de significação artística e cultural. Esse será, por certo, o desafio da aventura épica no mundo cibernético. Poderá ser observado nas *Galáxias*, de Haroldo de Campo; ou na *Espuma do Fogo*, de Carlos Nejar. Respeitadas as diferenças de cada artista, encontra-se também em *No Fim das Terras* a força da epopéia contemporânea. Mas, afinal, quais seriam os *fins* e as *terras* desse livro, senão a idéia de viagem pelo idioma, pela estória dos costumes, por episódios da política e da economia na América? No mundo pós-moderno, o poeta épico será, antes de tudo, um artista do idioma. Deverá saber incorporar vocábulos nacionais, vocábulos internacionais, vocábulos correntes, vocábulos arcaicos, vocábulos sublimes, vocábulos baixos, gíria, ciência, sexo, arte e esculhambação. A sutil engenharia da sintaxe virá do hábito com os mestres do passado e do presente. De Guimarães Rosa e de Camões. De séculos e séculos de leitura.

O leitor experiente não terá dificuldade em desentranhar tais atributos da epopéia pós-moderna no livro de Milton Torres: epopéia lírica (repita-se), como aquelas deixadas por Raul Bopp e Jorge de Lima. Sendo poeta de evidente madureza, o autor de *No Fim das Terras* possui a ciência do ritmo e o domínio das situações de linguagem. O seu é um livro de linguagem, um livro esculpido em línguas. Artista, mostra-se atento tanto à leveza das vogais quanto ao peso das consoantes. Escritos com a obstinação dos míopes, seus poemas acusam rigorosa geometria construtiva, sempre apoiados em específico conceito de arte, o que determina, entre outras, a notável mobilidade da sintaxe, oscilando sempre conforme a necessidade de inflexões semânticas.

Expressão do singular repertório do autor, o princípio da montagem ocupa o centro do processo de formação de sentido em Milton Torres: línguas diversas, recortes do passado, fragmentos do presente, pedaços de obras alheias, reordenação de discursos, perspectivismo cronológico, baralhamento de situações, enfileiramento de hipóteses. Os poemas do livro resultam de sábia atualização do permanente diálogo entre culturas diferentes ou entre aspectos distintos da mesma cultura. Na mobilidade polimórfica desse processo variado, Sá de Miranda pode viajar do XVI ao XX para encenar a triste comédia da política dos anos 1970. Esse é um dos momentos luminosos da técnica oswaldiana da bricolagem, que o poeta aplica à crítica de seu momento histórico, em que o motivo da viagem se associa ao da conversa entre estilos e tempos diferentes (consultar p. 165).

As estruturas moventes de *No Fim das Terras* possibilita uma espécie de teoria cínica da história do Brasil: cínica no sentido de instituir a metáfora da descrença quanto ao valor dos discursos autorizados. Na fragmentação prismática dos poemas, surge e ressurge a noção de que a história resulta da improvisação do presente, sempre precário e contrário ao ideal das utopias humanitárias. Sirva de exemplo de manifestação desse conceito crucial ao entendimento do livro o admirável poema "A Frei Caneca". Nele, insinua-se que a hipótese de que a imagem histórica do líder não corresponde ao cerne do pensamento dele, incompatível, isso sim, com o discurso oficial do país. Por essa perspectiva, o livro seria antes uma espécie de anti-epopéia, pois lhe falta o senso do heroísmo tradicional, visto que o próprio Caneca não se identifica com a história que ajudou a escrever.

Tal como se observa na estrutura geral do livro, esse poema funda-se no ceticismo irônico. Possui a forma de epitáfio: não só pelo sentido de inscrição tumular, mas também pela condição de pedra que os vocábulos assumem na página; não só pelo diálogo com certa pedra da tradição bíblica, mas também pela virtude lapidar do próprio texto. Se "A Frei Caneca" possui a imanência das grandes condensações semânticas, não deixa de projetar suas luzes a outros poemas do livro. A pedra da representação iconográfica do mártir pernambucano ensina que nenhum texto de *No Fim das Terras* deverá se isolar nos próprios limites, porque os signos dessa obra possuem contínua relação com os signos de outros discursos. Ao tomar o trabalho de Milton Torres, o leitor não estará propriamente diante de um livro de poemas, mas diante de um poema-livro.

Ivan Teixeira

Título	No Fim das Terras
Autor	Milton Torres
Produção Editorial	Aline Sato
Capa	Negrito Design
Editoração Eletrônica	Aline Sato
	Amanda E. de Almeida
Formato	18 x 25,5 cm
Tipologia	Sabon
Papel	Pólen Soft 80 g/m² (miolo)
Número de Páginas	223
Fotolito	Liner Fotolito
Impressão e Acabamento	Lis Gráfica